跟著強權投資新市場

環印度洋大商機

林志昊——著

各界鄭重推薦

劉必榮（國際關係專家）
林中斌（前國防部副部長）
陳斐娟（三立「54新觀點」主持人）
蕭碧燕（基金投資專家）
黃建忠（古文明旅行專家）
馬繼康（文化深度旅遊領隊）

導讀

透視環印度洋上的政經布局

劉必榮

要了解國際政治，一定要了解海洋。多少國家間的權力與資源爭奪、戰爭煙硝或個人冒險犯難，甚至才子佳人的故事，都像書本一樣，圍繞著海洋一頁頁被翻開。

過去希臘羅馬時代，人們看的是地中海。站在埃及亞歷山卓港口，傍著希臘古蹟北望地中海彼岸，你會感到海風的鹹味似乎都是兩千年歷史釀出來的。繼地中海之後，太平洋與大西洋的重要性逐漸躍升，重要的國際事件開始圍繞著這兩大洋發生。美國與歐洲的跨大西洋政經互動，凝結成跨大西洋聯盟，並成為支撐國際秩序的兩大支柱。而我們身為亞洲國家，則更關心環繞著太平洋發生的關係。尤其近年中國大陸崛起，勢力開始往海洋擴張，引起傳統海權國家如美國的警覺，所以一連串的太平洋軍演與權力再平衡，成為近幾年環繞著太平洋的大戲。

可是印度洋呢？觀察太平洋和大西洋，我們大概都可以指出哪一個國家是這裡的主要大國。可是印度洋，我們很難說它是誰家天下。也正因爲如此，印度洋成爲各個大國爭奪的對象，讓印度洋的故事一躍成爲國際政治的另一個重心。

印度洋的重要性，在於它被亞洲、非洲與大洋洲環抱的特殊位置。藉由印度洋，不僅可以與其沿岸的國家交流，更可利用相關的交通要道與世界上其他國家進行更深一層的貿易活動。此外，印度洋也是運送來自中東地區的石油往來太平洋的重要海上通道，並且是亞洲國家與歐美國家進行貿易的最短交通要道。若能控制印度洋，則可對全球的貿易與交通運輸產生重大的影響，並可保障自身國家經濟貿易與能源運輸海上路線的暢通。

中國大陸近年就展現經營印度洋的企圖心。除了在巴基斯坦的喀拉蚩、瓜達爾港投資之外，更在緬甸興建油管，從緬甸西岸的皎漂一路拉到雲南的瑞麗。油管一成，中國的海上能源運輸，就不必完全依賴麻六甲海峽了。喀拉蚩、瓜達爾、皎漂，都是印度洋的港口。甚至還有傳言，中國已在緬甸南部印度洋上的可可群島建立軍事基地或情報蒐集站，以遏制印度。

印度當然對中國在印度洋的軍事布局頗爲敏感。他們指中國從緬甸的實兌港往西到孟加拉的吉大港、斯里蘭卡的漢班托特港，最後到達巴基斯坦的瓜達爾港，企圖串起一條「珍珠鏈」，以保障其國際貿易與能源運輸的安全。中國大陸當然否認，他們指印度自己想獨霸印度洋，不但在印度南部建立了亞洲最大的海軍基地，更在緬甸外海用一連串軍事基地與監測站連成一條「鐵鍊」，想要阻止中國進入。

中印兩國當然不是唯一想在印度洋爭霸的國家，美國更是一個重要角色。美國在印度洋也有基地，並且想聯合印度，一起從南方遏制中國可能南下的勢力。同時因爲美國二〇一四年將從阿富汗撤軍，所以也希望印度能在阿富汗擔負一部分責任，穩住南亞的情勢，以免美軍撤走之後，留下權力眞空，讓各國覬覦。

所以觀察印度洋，不只是看海上的強權爭霸，更要看由海洋向北延伸到南亞的情勢。當然，還必須往東看，看印度洋的東岸——東南亞，尤其是緬甸。緬甸自二〇一一年政治突然開放之後，發展的速度讓人眼花撩亂。二〇一一年歐巴馬訪問緬甸之後，大批國際資金湧入，希望在這個投資的處女地捷足先登。緬甸只是東南亞國協的一個國家，其他東協國家如印尼、越南、柬埔寨，也獲得許多外國投資者的青睞。這主要有兩個原因，一是這些國家的人口普遍年輕、工資低，這是吸引外國投資的重要因素。在各國普遍面臨人口老化問題的時候，哪一國年輕，國際金流就往哪一國流，這幾乎是可以預測的。

第二個原因是中國與日本對東南亞的加碼。日本這幾年很明顯地，也跟美國一樣，採取包圍中國的外交政策，全力發展與東南亞的經貿關係，並加強對東南亞投資的力度。中國為反制海權國家對中國的圍堵，也加強發展與東協的十加一關係。雙方力量的加成效果，就讓東南亞變成大家競相爭取的熱點。

印度洋的西岸是非洲，近幾年非洲的原物料與礦產再度成為國際角逐的標的。這從中國在非洲的綿密布局、美國設立非洲指揮部，以及法國在非洲前殖民地象牙海岸、馬利等國出現政治危機時，立刻一馬當先，積極派兵介入，以捍衛法國利益，就可窺其一二。雖然非洲的恐怖份子問題（包括東非的索馬利亞及西非的馬利）依然對安全造成威脅，但在經濟逐漸起飛的情況下，恐怖組織的蔓延與發展速度也比在中東地區緩慢許多。非洲仍然大有可為。

大致瀏覽了環印度洋各國角力的輪廓之後，有三個問題就浮現了出來：

第一是這些國家在較勁的時候，是如何布局的。軍事佈署當然是最直接的，不管是軍售、軍演、交換情報，還是設立軍事基地（比如中國的珍珠鏈，以及美軍的重返越南金蘭灣），都只是上層布局。深層布局則是發展互補的經貿關係，或加強對當地的投資。這就是發展軟實力。對參與博奕的大國而言，最好是上下層都能布局，但有時經濟的確不能互補的時候，也只好停留在上層布局，也就是只有軍事合作，但經貿關係難以深化。所以我們可以觀察的是，這兩層的布局可不可能互補？比如，沒有軍事力量去布局，可不可以光靠經貿關係就增強自己的影響力？

「影響力」是很關鍵的三個字。學者曾試圖區分，甲國只是在乙國有基地，也就是說，僅僅出現在那裡，還是眞的能左右乙國的內外政策？能左右的才叫影響力。這是一個觀察的重點。

第二個問題就不只是看一國的政策，而是拉高看國際政治兩個棋盤間的互動。國際政治本就有政治與經濟兩個不同的棋盤。兩個棋盤各有主要的參與者，也有不同的規則。比如中國大陸和日本，在政治棋盤上，大家因爲釣魚台的問題劍拔弩張，但是在經濟棋盤上，兩國卻似乎還能繼續自由貿易協定的談判。但這兩個棋盤眞能這樣長久二分嗎？經濟與政治兩個軸線的發展，眞的能相互絕緣，不相干擾嗎？這也是很值得我們觀察的問題。

第三個問題就跟我們投資人相關了，那就是在這樣的政治格局下，資金會怎麼流動？我們都知道，權力怎麼流動，錢就怎麼流動。當各國競相爭取某國，或在某個地區鞏固影響力的時候，大批投資就跟著過去了，大批就業機會也跟著產生了。當地本身的經濟條件，加上大國的加碼，就成爲一般投資人的機會。

投資人也怕打仗，所以觀察當地的政經情勢，以及兩個棋盤間如何互動，也變成投資人必作的功課。志昊的這本新書，就是在這個方面作出了貢獻，而且相當實用好讀。

志昊是我過去東吳大學政治研究所的學生，雖然進入金融投資業多年，但政研所的背景，讓他在分析國際金融投資時，能多一分政治觀察的角度。因爲政治和經濟一直都是相互影響的，缺了任何一塊，作金融投資分析時都會有所偏頗。志昊的背景，讓他能夠有全面而且平衡的觀照。大學學新聞的底子，又讓他能以平易而沒有閱讀障礙的筆法，將環繞印度洋的權力與經濟關係加以描述剖析，供我們在決定投資方向時參考。

所以我很樂意爲這本書作一介紹與導讀，也希望這本書能爲所有對國際關係有興趣，以及對金融投資有期待的讀者，提供具體的幫助。

自序

一種趨勢即將改變台灣與你我的命運

將近兩世紀之前，德國哲學家黑格爾說過一句耐人尋味的話：「人類從歷史學到的教訓，就是人類不會從歷史學到任何教訓。」

第一次接觸到這句話，是在我小學六年級的時候。當時電影《異域》上映，我學會了羅大佑所創作的〈亞細亞的孤兒〉這首歌。以現在的眼光來看，一個才十二歲的小孩唱這種歌未免過於矯情，不過對剛邁入青春期的我來說，唱大人唱的歌，才可以證明自己已經不再是小孩子。這種迫不及待想證明自己長大的情緒，每個青春期的少年都會有的。

在這部電影的原聲帶中，〈家，太遠了〉和〈亞細亞的孤兒〉兩首歌都是由王傑演唱；他那滄桑、悲悽又帶一點哀怨的歌聲，把歌詞裡的情緒詮釋得淋漓盡致。不過，這張原聲帶特別的是，攤開歌詞，首先映入眼簾的並不是王傑的照片，而是黑格爾的這句話。

二十年過去了，黑格爾的這句話始終留在我的腦海裡。這些年，我培養出閱讀歷史與文化差異的樂趣，也培養出觀察國際事件與國家互動的習慣，甚至還進入學術圈、媒體圈與金融圈，看著現在檯面上的那群人物，如何用低調、隱晦、俐落卻又無情的方式，去創造如同過去帝王將相的榮耀與成就、荒謬與毀滅。

隨著每一起事件的醞釀與發生，我發現自己愈來愈認同黑格爾的這句話，但卻始終想不透，為什麼人類總是無法避免悲劇的一再重演。後來我發現，這當中的關鍵，就在那種深植於人類潛意識中的基因：貪婪的欲望。

因為貪婪，人會受鼓舞去重複那些在歷史上傳誦不絕的英雄故事，而在過程中，人也往往會不知節制，做出對目標出軌、對成就不滿、對權力放縱、然後對結果失控的事件。無論是政治競爭、利益分配、財富醞釀、事業重組、權力互動，抑或是個人在愛情、家庭、事業以及財富的追逐，我們總會一不小心就重複過去早就念茲在茲的錯誤。

劉必榮老師和我合著的《世界地圖就是你的財富版圖》一書（以下簡稱《世界地圖》），就是在這樣的動機下完成的。該書的主軸看起來是用國際間的權力互動，剖析財富如何產生、如何流動，進而點出誰受益、誰受害，但實際上它只是一塊入門磚，試圖用最淺顯易懂的方式說明，與其鑽研市場報告與財務報表，洞悉國際關係，對個人的投資與理財行為起著同樣、甚至更重要的作用。特別是從權力的角度來看，所有財富的產生與流動都是受到貪婪的驅使，若要維護並且擴大這種貪婪，就得用到更大的權力。因此，國家為了創造更多的財富，當然就會去追逐更多的權力，進而出現「競爭者」「受惠者」與「受害者」等不同角色。《世界地圖》一書就是用這樣的拼圖，把國際財富權力與現實理財生活串連起來，為讀者做出投資的建議。

雖然這種研究邏輯與分析架構看似冷門，但書籍的實際銷售表現卻遠超出我的預期。我發現，這是一種大家都通曉的「語言」，而且更重要的是，經過近兩年來的驗證，可以看到無論是實體經濟、國家地位，抑或是金融市場上的表現，都往書中所說的幾個方向發展。

這兩年，市場上出現了幾個世人開始逐漸認同的觀念與趨勢：

（一）**政治才是最大的經濟**：主導遊戲規則的政治利益，才是大國調整經濟的原始動力。

（二）**貨幣才是最大的權力**：貨幣戰爭的目的，是維持大國自身政治與經濟的利益。

（三）**金磚四國告別高成長**：對金磚四國來說，創造可持續的增長模式，比過去更能維繫、並且擴張國家權力。

（四）**西方大國邁入低成長**：政治、社會與人口結構的重組，迫使西方國家降低經濟利益。

（五）**中小型國家能見度提高**：大國對權力的追逐，反而給中、小國家創造了發展的機遇。

實際環境的變化，給了我某種程度的信心與肯定，卻也同時給了我鞭策與壓力；因爲我和大家一樣，對未來有著未知與焦慮：歐洲的長期衰退與權力重組，使其他國家被迫重新架構自己的經貿方向；中國告別世人熟悉的高成長，使全世界各國也被迫調整發展的腳步；美國經濟看似苟延殘喘，嬰兒潮世代的凋零，透露出世界首強愈來愈難解的經濟危機。除此之外，戰爭的陰霾正在中東上空擴散，聯合國安理會的五大常任理事國中，有四個國家（英國除外）在二〇一二年進行領導人的更替；政治權力的重組與動盪不安的人心結合，正是全球人心焦躁不安的最大來源。

這樣的環境，讓我鞭策自己必須再努力做些事，才能達到當初與劉老師一起出版《世界地圖》的目的──「對個人成就順勢而爲，對環境騷動舉重若輕」。

《環印度洋大商機：跟著強權投資新市場》就在這樣的初衷之下誕生了。

延續上一本書的精神，在本書中，我還是會運用地圖與權力的概念，引導出財富與投資的機會。我不但會探討環印度洋崛起對國家發展與金融投資的意義，也會花相當的篇幅，在這個地區的市場投資和金融工具方面，化解讀者長期以來累積的迷思與誤解。我相信，無論有沒有看過《世界地圖》一書，《環印度洋大商機：跟著強權投資新市場》不但可以為讀者開啓新的國際視野，更能在實際生活上帶來難以言喻的效益。例如在投資理財方面，過去大家習慣著眼於金磚四國，但從現在開始，環印度洋周邊的市場，包括東南亞、南亞（印度、巴基斯坦）、非洲，以及中亞（特別是獨立國家國協）等中小型的國家，才是未來該特別注意的目標。

對一般人來說，習慣的理財方式通常是儲蓄，而就算有所謂的投資，也多半只是買賣台股，以及投資海外基金。但是在未來，當台灣的企業獲利大不如前，中國的經濟轉型舉步維艱，西方的勢力逐步下滑，而市場上這麼多的資金又把債券殖利率壓到最低時，資金新的出口又在哪裡呢？

另外，我們一向習慣把價格過高的資產稱為「泡沫化」，但是過去兩年來，中國資產、美國公債、高收益債、新興市場這些曾被指為「泡沫」的標的，為什麼沒有出現資產價格的崩解？甚至，過去世人認定「股市是經濟的櫥窗」，但為什麼當經濟學家持續「唱衰」全球經濟，資本市場卻給了我們一個截然不同的答案？是誰造就這一切的發生？

除了個人的投資理財，本書的效益也會透過其他的面向呈現。過去二十年是台商西進的時代，甚至讓台商成為主導兩岸政治一股重要的力量，但是**未來二十年，台商可以發揮的最大場域並不是在中國，而是在東南亞、南亞和非洲**。這是什麼意思？相較於對岸中國，這些地方對台灣人來說更為陌生，為什麼這些地方會成為未來台灣企業的練兵場？

甚至，當台灣的人口結構邁入日本化、政府財政邁入歐洲化、教育水準邁入美國化、甚至媒體輿論邁入對立化時，當今在環印度洋周邊所發生的重大事件，到底會對台灣帶來什麼樣的衝擊？政府又該做好哪些準備？或者先別說政府，人民要先有什麼樣的認知，才能有足夠的勇氣與自信，去面對未來一切的變化？

此外，有許多人一向認為中國會成為美國霸權秩序的挑戰者，但事實上，中國既不跟隨，也不對抗；這樣的世界局勢，對熟悉冷戰思維與中美對抗的台灣人來說，反而相當陌生，而且更重要的是，就因為中國在這個群雄並起的年代崛起，必然會面臨前所未有的壓力，所以全球權力與財富槓桿的運用，也會以超乎想像的方式進行。這些變化是什麼？又會是什麼方式？我們該如何洞燭機先，替自己搶占最有利的位置？

這一切的解答與方向，都在本書中。

我想特別與讀者分享的是，沒有欲望，就不會有改變；人類對欲望的追逐，不會因權力改組而受挫，更不會因經濟低成長而中斷。欲望雖有可能導致不好的結果，但也可能刺激出好的局面。任何事情的發生，沒有純粹的善，也沒有絕對的惡；人與人的相處是如此，國與國的互動更是如此。無論我們喜不喜歡，歷史還是會往前走。如果《世界地圖》是一本讓你打開劉姥姥大觀園的鑰匙，那麼《環印度洋大商機：跟著強權投資新市場》就是一本讓你好好觀賞劉姥姥大觀園的導覽圖。園裡的一切景象，雖不致目不暇給，卻也足以令人感到暢快淋漓。

門已打開，歡迎入內！

目錄

第2章〈風雲〉

八方人馬聚焦環印度洋

第3章〈聚合〉

全球人口、資源與土地的新舞台

第4章〈鳴鼓〉

G2戰略困境，環印度洋好戲上場

第5章〈奔馳〉

世俗伊斯蘭，經濟新玩家

第6章〈運籌〉運用權力槓桿，投資印度洋新絲路

結論 孔雀東南飛，用新思路踏上新絲路！

前言

站在環印度洋的棋盤上

人生是賽局，也是棋局。在不同的階段，我們會認識不同的人、做不同的事、創造不同的成績，然後改變自己的生涯方向。在過程中有贏也有輸，贏的時候我們可能不可一世，輸的時候可能懷憂喪志；不過，無論輸或贏，我們總是知道，只要有一口氣在，事情永遠有改變的機會。

國際關係也是一樣。無論一個國家之前做過什麼事，或是在世上獲得什麼樣的風評，只要有意願，且在對的方法下，還是可以創造出截然不同的成就。在《世界地圖》一書中已經舉出許多例子，無論大國還是小國，無論原本處在多麼劣勢的環境，只要在對的時機、對的處境，找到對的夥伴、做對的事，就可以翻轉整個國家（甚至其他國家）的命運，創造出另一波財富的能量。

二〇〇八年的金融海嘯，打破了世人心中既定的價值與認知，民主政治、自由經濟、開放社會等，這些世人一向奉爲圭臬的價值，在許多國家一波波的暴動、抗議、壓制、衰退、無奈與憤怒下，遇到前所未有的恐慌與挑戰。然而，儘管全球處在極度緊繃的情緒裡，我們還是看到有許多國家在關鍵時刻做出了不一樣的選擇。這除了取決於國家本身能力的高低，更要看一個國家希望自己「能夠成為誰」。

劇本沒變，舞台和演員卻都變了

國家之間的競爭，不會因一場金融海嘯而結束，所以去探討金融海嘯後的贏家與輸家是誰，也就沒有意義。世界還是在改變，歷史還是往前進，國與國為了追逐利益而引發的各種合縱連橫，不會畫下休止符。這就好比冷戰結束之後，有學者認為西方世界是歷史上的贏家與「最後一人」，但是才過了二十年，當初的贏家如今變得懷憂喪志，當初的輸家反而開始志得意滿，於是逼使當年宣揚這種「贏家理念」的日裔美籍學者法蘭西斯．福山，公開修正自己的說法。

如果把世人過去熟悉的世界，用舞台、主角與時間來形容，可以明顯看到，在金融海嘯之前，世界的主角是歐美國家，而商業與政治互動的舞台也多半集中在大西洋與太平洋兩岸（西歐、北美、東亞）。在這個過程中，儘管「中國崛起」的議題喊得震天價響，「金磚四國」的奇蹟也傳誦不絕，但事實很清楚，中國和其他國家，從來都不是這個舞台上的主角。

至於金融海嘯之後，中國變成主角了嗎？並沒有。金磚四國成爲主角了嗎？也沒有。因爲上一場戲的主角，並不想就此謝幕下台，而金磚四國這些配角，也不想太快當上主角。雖然上一齣戲的劇本已經結束，但無論主角還是配角，卻都不願意下台，既然演員們都不願意下台，那就只好換個場景繼續演出。

要繼續演出，就得重新搭好舞台。調整一下燈光、音響、改變一下背景，甚至把室內的戲棚子改成戶外的露天劇場也未嘗不可。如果過去這些大國唱戲的舞台是在大西洋與太平洋兩岸，那麼現在這齣新戲的舞台，到底會在哪裡？

一定有很多人會說在亞洲，因爲金融海嘯之後，雖然美國還是當今第一強國，但只有亞洲還可以繼續維持高速的經濟成長。隨著中國勢力的興起以及歐洲長期的衰落，當世強權只剩下美國和中國；在這樣的時代背景下，美國必然重返亞洲，而亞洲就是美國和中國唱戲的舞台。

可能也有人會說，舞台還是在已開發國家。雖然金融海嘯使歐美深陷債務的陰霾，但無論是資金或技術，領先的還是歐美國家，因此歐美國家必須善用開發中國家的市場，替未來的翻身做準備。當然，新興國家能扮演的角色還是配角。

當然也有人會說，舞台是在開發中國家。因為相較於歐美的債務困境，多數開發中國家並沒有財政上的負擔，而且基於人口紅利與資源豐富等優勢，開發中國家可以取代已開發國家，成為全球經濟舞台上的要角。

更可能有人會說，舞台在南半球。由於北半球的美國和歐洲分別陷入經濟長期的低成長，而即使在亞洲，中國已進入經濟轉型時期，日本更在痛苦中苟延殘喘；值此同時，南美洲和非洲卻欣欣向榮，巴西成為全球第六大經濟體，非洲也成為第五塊金磚，而亞洲的印度也開始直追中國，所以未來世界經濟的重心，會移到南半球的南美與非洲大陸。

這些說法其實都對，但別忘了，既然要換個舞台，就要看這個舞台可以給演員們創造多少發揮的空間。換句話說，這個舞台不僅要「夠大」，還要符合各家演員自己的偏好與需求，新戲才演得下去——說穿了，既然劇本要換，舞台也要換，那麼新的舞台是不允許「主場優勢」存在的；即使亞洲各國在政治上偏美國、經濟上偏中國的格局已經確定，但亞洲國家並不想在中國和美國之間選邊站，至於其他強權，在亞洲也沒有與美國和中國競爭的能量，所以亞洲不會是下一齣全球強權唱戲的舞台。

那麼，已開發國家是不是舞台呢？從既有的國家實力來看，已開發國家絕對還是主角，但從未來的發展趨勢來看，歐洲和日本沒落的格局已經確定，即使還是屬於主角，台詞卻只會愈來愈少。所以如果說已開發國家是未來全球政經大戲的舞台，還是有些牽強。

新興市場呢？當然不是。新興市場彼此間尚未整合成一個整體，而且國家之間的政治與經濟地位落差太大，再加上新興市場橫跨的幅員過於遼闊，各國權力競逐的能量無法集中，何況在國家利益的驅使下，新興國家甚至還會彼此產生衝突，因此更不會是下一波新舊強權唱戲的舞台。

至於南半球，也不會是下一波全球強權的舞台，因爲無論在政治還是經濟上，南半球還沒有一個國家足以扮演全球性的重要角色。更何況，全球性強權不但都是北半球國家，強權之間的競爭也尚未分出勝負，因此南半球頂多只是這個新舞台的其中一個角落，並不符合「夠大」的條件。

沉潛已久卻一鳴驚人的能量

全球主要的集團我們幾乎都已經審視過一遍，在遊戲規則重組的年代，世界彷彿也處在一個無法預知且隨時可能崩潰的邊緣。可是，如果把上述這四個選項用「地理」的概念去整合，就可以發現答案呼之欲出：舞台在環印度洋。

打開地圖可以看到，**環印度洋東起東南亞、南抵澳洲，中經印度和西亞（中東），再向西抵非洲**。在這片廣大的地區，有近四十億人口，文明涵蓋佛教、伊斯蘭教、猶太教與基督教，國家勢力也包含已開發經濟體與開發中經濟體。儘管中國和印度對這塊地區的文化、經濟與社會有著深遠的影響，美國和歐洲對這個地區的政治與利益也有強烈的主張，但有趣的是，在各家覬覦已久的情況下，這個地區始終沒有一個政治、經濟與軍事上的共同強權。

這樣的一個地區，憑什麼成爲下一波列強競逐的重心，又如何進一步成爲財富流向的關鍵？道理其實很簡單。

第一，**「環印度洋」的名稱中雖然有印度，但印度偏偏不是這片海洋的主宰者**。包括美國、中國、歐洲、俄國、印度，甚至是其他的新興強權，在這個地區都積極經營，誰也沒有主場優勢。用世人熟悉的術語來說，這個地區目前還不屬於任何國家的「勢力範圍」。

第二，**論勞力、土地、資源與地緣，環印度洋有足夠的空間讓舞台上的人盡情發揮，進而在權力互動的賽局中，形成新一輪的主客易位**。因爲這裡有全世界最豐富的原料資源、最龐大的貿易路線、最年輕的人力資源、最廣闊的土地開發、最廣泛的區域合作，也有最激烈的權力競賽。

第三，**環印度洋關鍵的地緣位置，會改變亞洲、非洲、甚至歐洲與美洲的權力分配與財富槓桿**。若說中國的崛起讓西方注意到東方的機會，那麼各國在環印度洋的競逐，就是西方與東方財富重新激盪的交會點。

第四，也是最重要的，**環印度洋上國與國的權力爭奪，不但會改變台灣的外交環境，更會改變台灣的產業結構與社會現況，進而影響到台灣人未來的生涯發展**。例如當中國和東協國家的經濟逐漸發展起來，這些照顧台灣老人的外籍配偶與看護，未來若回到自己的國家找工作，台灣的人口政策與社會福利系統要如何因應？當這些國家的興起取代了台灣過去的代工優勢，甚至直接造成台灣人才的外移，政府在經濟、產業、人才與社會政策上，又要做出哪些因應？

環印度洋局勢的發展，將改變未來的世界型態與世人的生活方式。在這個舞台上演的戲碼，會對觀眾產生最直接的影響，因爲這是人類史上第一次，由西方國家與東方國家一起以平等的地位，共同創造一個新規則的試驗場。無論是歐美國家還是東方國家，都在這個區域，以不同的姿態躍躍欲試。

中國就是最明顯的例子。經由過去二十年的耕耘，中國已經成爲環印度洋區域中，非洲與東協最大的貿易夥伴。美國也一樣，歐巴馬總統是美國在冷戰結束後，歷任政府中對非洲、印度和東南亞各國施力最多的政府。至於另一個金磚大國印度，不只是環印度洋的主角之一，過去十年來它積極與西邊的非洲協調合作，成立「印非合作組織」，也與東邊的東協合作，成爲「東協10+6」的成員國。

此外，印度一直是俄羅斯在軍售上最密切的夥伴，而非洲也成爲俄羅斯大力耕耘的對象。巴西、德國、法國、英國與韓國等新舊強權，近年也紛紛在東協、南亞與非洲等環印度洋地區投入龐大的資本與建設，爲的就是看好這個地區的發展後市與財富潛力。

棋盤已經擺好了，棋手已經就位，甚至有了動靜，只是台灣媒體關注的焦點，仍是島內的政治爭端與娛樂八卦，更不用說鋪天蓋地的談話性節目與綜藝節目……不過這是後話。

每個國家下這盤棋的先後順序、優劣比較與成敗考量都不一樣。如果你在乎未來的政經趨勢，也在乎自己口袋裡的財富數字，那麼環印度洋區域就是影響財富成長或分配的關鍵。雖然要看棋手（強權）如何下這盤棋，但眞正的重點在於，當棋手下棋時，身爲觀眾的我們，要如何掌握棋手的思維，進而把自己的財富與精力放在最關鍵的位置上。從今天起，讓本書來震撼我們的視野，開啓我們不一樣的人生吧！

第一章 沉寂

成熟國家與金磚四國
共同告別高成長

這不只是單純的景氣循環，
而是徹頭徹尾的規則重組。

金磚五國2012年3月於印度新德里舉行第四屆高峰會（左起：巴西總統羅塞芙、俄羅斯總統梅德傑維夫、印度總理辛哈、中國國家主席胡錦濤、南非總統祖馬）。

在歐美經濟成長趨緩之際，開發中國家亟思轉型與結盟合作，相互開放市場，以突破經濟發展的瓶頸。

1 民主的限制：歐美經濟問題突顯民主政治的侷限

大家對發生在二〇〇八年的金融海嘯一定不陌生。如果還有印象，一定記得當初幾乎所有的專家和學者都說，這次的經濟衰退至少需要三年才能恢復元氣。不過，經過了三年，不但沒看到全球經濟恢復元氣，二〇一一年開始擴大的歐債問題，更讓世人擔心全球經濟是否會步入二次衰退。

到了二〇一一年，又有一批人跳出來宣稱，全球經濟要恢復元氣還得「再等三年」。不過這時反而有個尷尬的情況：已經沒有人在乎經濟是否會在三年後恢復了。更確切的說，過去世人曾期待景氣能回來，但現在大家似乎已有了心理準備，要接受即將到來的苦日子。

爲什麼會有這樣的轉變？

在回答這個問題之前，不妨先剖析一下「權力」與「人性」的關係。

經濟的好轉，有賴於財富的產生，而財富的產生，總是伴隨著權力互動而來。然而，在現實環境下，權力總是靠人性去運用的，所以如果要了解財富的產生與流向，乃至於全球經濟演變的方向，必然要先理解人性與權力的關係。

許多人聽過這句經典名言：「權力導致腐化，絕對的權力導致絕對的腐化。」（Power tends to corrupt, and absolute power corrupts absolutely.）意思就是，人類先天無法駕馭財富與權力。在東方與西方的政治思想中，對人性與權力都有過深刻的探討，有認同人性可以駕馭權力的，也有主張人性必然被權力所駕馭的。如果是前者，君主制就是最理想的政治制度，如果是後者，民主制就是最適合的政治制度。當然，隨著掌權者人品的優劣不同，君主制有可能變成暴君制，民主制也有可能變成暴民制。古往今來，類似的例子多到不勝枚舉，在此就不贅述（表1-1）。

表1-1 人性、權力與統治制度之關連

	權力集中於國君	權力集中少數人	權力分散於群眾
性善	哲君制度	貴族制度	民主制度
性惡	暴君制度	寡頭制度	暴民制度

基於對人性的不信任，西方發展出了民主制度。民主制度最大的特色之一，就是領導人有固定任期。無論一位統治者在位期間是多麼英明，任期屆滿了就要交棒。沒有別的原因，就因爲相信權力會導致腐化。所以民主制度的優點就在於用固定任期的限制，確保政治人物在朝期間的絕對權力不會導致絕對的腐化。

於是，在選舉機制下，權力這種東西就從過去的領導人獨有，變成人民獨有。人民把權力「委託」給領導人去執行，等任期結束了，再來看看這個領導人是否不負當初所託。如果領導人有負於人民，人民就會收回權力，透過選舉把這個權力委託給另一個他們認爲可以託付的對象去執行。

當表演取代視野，施政只流於膚淺

不過，隨著媒體科技的發達，以往的古典民主政治，在媒體無時無刻的推波助瀾下，愈來愈容易變成「表演政治」。在當今的民主政治中，光有政績是不夠的，領導人更要懂得表演，才能具備群眾魅力，而有了群眾魅力的加持，在下一輪選舉中才能取得相對的優勢。

也就是基於這樣的結構，使得民選的政治人物開始邁向「表演化」。所謂的表演化，就是在民眾面前，政治人物要像演員一樣，學著去討好觀眾。觀眾的掌聲多，選票就多；觀眾的掌聲少，無論你的政績多麼有遠見、多麼有智慧，可是少了權力與位子，你就什麼都不是。在這樣的結構下，政治人物會出現一種很有趣的轉變：在上台前，他是領導者（Leader），在上台後，他卻成了跟隨者（Follower）。

既然在這樣的民主政治下，政治人物只在乎選票，那麼當他取得權力之後，所有的施政措施多少要有取悅民眾的成分在內。然而，民眾也是人，既然是人就會有弱點，而人的弱點，就是貪婪。

中國人有句俗話：「由儉入奢易，由奢入儉難。」就是這個意思。不過，前半句可以說明人生前半段的貪婪，而後半句卻少有人深入探討。

後半句在說什麼？就是當一個人必須被迫由奢入儉時，他所想的，並不是要用什麼方法由奢入儉，而是要用什麼方法「避免」由奢入儉（因爲由奢入儉太難做到了）。換句話說，除非此人的性格相當務實和認命，否則一旦處於逆境，他必定會用盡全力去維繫昔日曾擁有的美好。畢竟，逆來順受就等於是承認自己的失敗，但是用盡一切手段去扭轉命運，說不定有機會東山再起。在這樣的時刻，人是有希望的，甚至有能量去做出任何事情。當代最著名的社會運動觀察家胡佛

（Eric Hofer）就說過：「人總是願意跟隨販賣希望的人，而不願意跟隨施予救濟的人。」道理就在此，因爲這是人性。

了解了人性與權力的關係之後，回過頭來看看當今的世界。爲什麼二〇〇八年時大家都說全球經濟回春需要三年，但是到了二〇一一年與二〇一二年，同樣的話語再度重複？原因就在於過去幾年，西方國家不願正視自身的處境，政治人物寧願對民眾販賣希望，也不願對民眾說眞話，所以導致經濟問題變成政治問題，而且在媒體的渲染與民眾的勒索下，又讓政治問題演變成政治衝突，影響到決策時間與施政品質，不但讓原本單純的經濟問題變得歹戲拖棚，連帶也讓民主政治在經濟危機的考驗下，變得脆弱不堪。

無止盡的政黨惡鬥，拖延施政成果

先來看看引發金融海嘯的美國。在小布希不得人心的施政之後，民主黨於二〇〇八年的選舉中以壓倒性的多數擊敗了共和黨，同時掌握了白宮和國會。歐巴馬挾著超高人氣登上總統寶座，信誓旦旦要讓飽受金融海嘯摧殘的美國重回世界主流的行列。然而，由於金融海嘯對美國經濟造成的衝擊太大，歐巴馬的施政又需要時間才能檢驗成果，在民眾不耐的情緒下，二〇一〇年的國會大選，共和黨反而擊敗了原本掌握國會的民主黨，成為歐巴馬施政上的一大掣肘。

噩夢正式開始。如同本章一開頭所說的，現在的民主政治已經變成表演政治，對於取得國會的共和黨來說，國會就是表演的最佳舞台，挽救經濟雖然重要，但是對付歐巴馬更重要，畢竟政治人物在乎的是選票、是光環、是權力，所以管你歐巴馬的施政方向多麼正確，只要不是我共和黨主導的，就一定處處給對方製造難題。同樣的，對歐巴馬來說，挽救經濟雖然重要，但確保民主黨繼續執政卻更重要，所以即便共和黨提的建議是對的，但只要不是由民主黨主導的，歐巴馬也一定會處處讓對方難看。

政治就是如此，無論民主還是威權，在權力的面前，政客都會變得醜陋不堪。

於是，衝突開始了。衝突必然導致施政停擺，這時候更需要妥協，但妥協也是需要時間的，偏偏經濟危機的解決不允許時間上的漫長等待，而且更重要的是，既然最後的決策是在妥協之下的產物，就代表所謂的決策，雖然不至於只治標，但也絕對不會是治本。於是我們可以看到，政治人物疲於奔命地應付著各式各樣的問題，而解決問題所需付出的代價卻跟著愈來愈大，推出的解決方案也是勉強湊合著用。

二〇〇八年，當時的小布希政府爲了替美國失序的金融秩序止血，投入了七千五百億美元去挽救岌岌可危的金融業。到了二〇〇九年，眼看當初的這些企業還是搖搖欲墜，經濟也毫無起色，歐巴馬政府實施了第一次的「量化寬鬆」措施，透過購買八千億美元的政府公債，替市場創造更多的流動性。到了二〇一〇年，眼看經濟已經略有起色，失業率卻還是在九％的高檔徘徊，於是歐巴馬政府食髓知味，推動第二次的量化寬鬆措施，繼續在市場上投入六千億美元，計畫持續壓低美國公債的殖利率，替民間企業創造最低的借貸成本，以刺激經濟回春。

印鈔票不必付代價，改革卻會讓政客失去民心

在接連施行的量化寬鬆措施下，美國的經濟總算出現了好轉，失業率總算從二〇〇九年高峰時期的九·六％，回到二〇一一年底的八·三％（還是相當高的數字）。可是，這一連串的舉動已造成全球通膨高漲，不但逼得開發中國家承受相當於二〇〇八年的高通膨代價，部分中東北非國家還因此爆發動亂，形成所謂的「阿拉伯之春」。在這段期間，多少開發中國家的財富再次被剝奪、多少開發

中國家的社會再次陷入動亂，而這一切，只換來美國失業率不到二%的下降。

美國自己似乎也付出了代價。除了白宮和國會的持續衝突之外，標準普爾在二〇一一年八月下調了美國政府的債信評等，使美國首次失去了AAA的債信評級。不過，失去這樣的評級，對美國的實際影響是小之又小，畢竟美元在全球仍有無可取代的霸主地位，且「美國十年期公債殖利率」依舊是所有金融商品價格的衡量基準，因此在出現足以抗衡、甚至是取代美元的資產出現之前，受到美國政府遭調降信評影響、付出貨幣貶值與資金外逃代價的，反而是美國以外的所有國家。所以，儘管失去了AAA的信用評級，美元和美債在二〇一一年下半年反而受到市場的追捧，成爲當年金融市場上的大贏家。這件事情終於使世人認清，美元之所以「強」，不是因爲美國有資產優異的體質值得追捧，而是在替代品出現之前，市場無法承受失去美元的代價。

這樣的結果，並沒有讓美國眞正意識到自身的債務問題有多嚴重，反而使美國政客和民眾相信，只要堅守美元的特殊地位，並且持續透過貨幣政策的引導，美國的經濟總有復原的一天。因此，回顧過去三年來美國所有的政策，都是在燃起民眾對過去光榮美景的嚮往，而不是眞正想透過行動，解決當初引發金融海嘯的所有問題。二〇一二年，聯準會實施第三次量化寬鬆，甚至還沒有金額上限。

到了當年年底，聯準會甚至實施第四次量化寬鬆，並且公開宣稱，在美國國內失業率降至六．五％以前，量化寬鬆政策不會停止。

針對經濟危機，美國的具體做法只有「印鈔票」，至於整頓華爾街、整頓肥貓、改革稅制、重振教育與基礎建設，甚至創造就業等，在共和黨和民主黨的不同思維下，這些真正攸關創造經濟動能的措施統統面臨停擺。

既然兩造相爭無法拚出高下，那麼政治人物能做的，除了拖，就是轉移焦點。美國開始把目光放到海外，在貿易問題上大肆興訟，在匯率議題上大肆指控，順便在政治議題上處處對他國煽風點火，從中替自己爭取最佳的權力槓桿。這種過去共和黨政府最愛玩的把戲，在歐巴馬政府主政下，更是發揮得淋漓盡致。即使歐巴馬在二〇一二年的大選中連任，但是要解決美國的財政懸崖，政客還是要等到二〇一三年才眞的願意坐下來談。換句話說，在選舉的壓力下，美國經濟被硬生生拖延了四年。

我常常用這個例子來挖苦自己與身邊的財經從業人員。在當前的世界，到底還有誰在乎經濟？政客只在乎選舉、央行的貨幣工具又受限（無法再降息）、財長兩手空空（沒稅可收就算了，慘的是還得刪減支出）、企業老闆擔心景氣長期低迷……這些有能力使全球經濟改頭換面的人都不在乎經濟了，那麼這年頭還在乎經濟的，大概只剩下經濟學家了。也難怪，多數的經濟學家生活總是不開心，總是在憂慮。

深受歐債幽靈困擾的歐洲也是如此。

歐債問題延宕，主因是政客不願吐實

早在冰島和愛爾蘭之虎的神話破滅之後，自二〇〇九年起，希臘、葡萄牙、義大利和西班牙，就紛紛陷入債務危機。由於這些國家出事，往往要歐洲所有經濟體一同付出代價，所以市場就落井下石，給這幾個出事的國家取名「歐豬」（PIGS，即Portugal、Italy、Greece、Spain四個國家的英文名合稱）。然而弔詭的是，在愛爾蘭和冰島出事後，南歐的地中海國家竟眼睜睜看著事情發生，不願意趕快進行改革、降低赤字，徹底解決債務負擔的問題。爲什麼？原因無他，政客不願意對民眾吐實。

對於已經習慣優渥社會福利制度的歐洲人來說，要犧牲自己的生活福利以換取政府免於破產，不但是物質上的剝奪，更是情感上的剝奪。尤其對稅負相對不高、退休福利卻相對優渥的南歐國家來說，政客若要民眾勒緊褲帶，簡直是拿自己的政治生命開玩笑。所以，當冰島和愛爾蘭在二〇〇九年相繼破產之後，希臘在二〇一〇年出現破產危機，不但沒有讓葡萄牙、義大利和西班牙心生警惕，身爲當事者的希臘竟還不斷公開聲稱，自己國家的財政體質有足夠的能耐留在歐元區。

可是到了二〇一一年五月，隨著債務問題的擴大，不只希臘人認爲自己在歐元區的前途岌岌可危，就連義大利和西班牙也被拖下水，於是造成了二〇一一年全球經濟瀕臨二次衰退的危機。若非德國和法國使出強硬手段，迫使希臘做出承諾，甚至還召開歐盟高峰會確認歐盟財政整合的方向，否則放任歐債危機延燒的結果勢必導致歐元區的解體，在金融市場上引起更大的風暴，造成比二〇〇八年更嚴重的經濟衰退。

許多人一定很好奇，在那段時間，歐洲人到底在想什麼？身爲歐債危機的主角，希臘幾乎承受了各方的責難，但是身爲歐洲最大經濟體的德國，爲什麼明知問題所在，卻不願意積極處理，非要拖到整個歐元區都快解體了，才痛下決心引導各國接受財政同盟的方案？道理還是一樣，雙方的政客都對民眾隱瞞了解決歐債問題所要付出的代價。

對於一個擁有二十七個不同財政體質、不同經濟結構、不同政治文化的歐盟來說，要做出統一的行動，勢必要經過更加冗長的協商，而且即使協商成功，還不見得能確保在執行上出現預期的效果。尤其在面對危機時，小國願不願意負起責任、大國願不願意付出代價，都是解決問題的必要條件。

以歐債危機來說，希臘政府從來就不願意實施眞正的緊縮措施，因爲希臘始終相信，只要透過協商，希臘必然可以用最小的代價，甚至不必付出任何代價，就換來歐洲大國對希臘的支持。於是，在與歐洲大國協商的過程中，希臘對於進行財政緊縮與債務重組，時而願意、時而反悔，而該國政客更煽動民眾走上街頭，企圖用暴力與衝突對政府施加壓力，把問題擴大，然後逼使歐洲大國做出更多有利於希臘的承諾。甚至就在希臘政府好不容易與歐洲大國達成妥協方案之時，當時的希臘總理突然拋出公投的主張（民眾反對撙節），讓全世界瞬間看清希臘眞正的企圖，也才逼使德國對希臘使出最後的殺手鐧——若不接受撙節，就離開歐盟。

這時的希臘終於退無可退，無奈地接受嚴苛的緊縮方案。消息傳來，希臘各地陷入暴動，雅典的街頭更是一片火海。如今，暴動與罷工還是會經常上演，但也是從這一刻開始，希臘才眞正進入財政緊縮的時代。

這就是前面提到的，除非已經退無可退，否則當人們覺得還有希望時，就會充滿能量，願意用盡一切手段挽回過去所擁有的美好。從希臘過去三年的狀況，再度印證了人性這種顛撲不破的眞理。

反過來看德國。爲什麼德國始終不願意認眞、嚴肅、積極且正面地處理歐債？因爲德國是過去歐盟統一貨幣體制下最大的受惠者。統一的貨幣體制讓德國的工業產品得以用極具競爭力的匯率優勢，打入歐洲的所有市場（包括南歐）。由於歐盟只有單一貨幣，卻沒有統一的財政部，鬆散的財政體制讓德國在其他歐洲國家揮霍資本的同時，因這些國家持續的資本流入而得以鞏固自己的財政體質。金融海嘯之後，這樣的情況更加明顯：儘管冰島、愛爾蘭、希臘、義大利和西班牙紛紛出事，但德國的經濟數據反而愈來愈好；當歐債危機使得歐元資產下跌，德國政府公債的保值功能反而與美國政府公債不相上下，德國政客也因此保住了他們的權力。

由此可見，過去歐盟的遊戲規則有利於德國的經濟發展，而歐債危機的發生更有利於德國鞏固自己在歐洲的特殊地位。若非希臘威脅退出歐盟，以及歐盟解體的結果會動搖到德國在歐洲的地位，否則要梅克爾認眞看待歐債問題，也是不可能的事。這就是德國在解決歐債問題的角色扮演上，一方面必須維繫老大哥的地位，但又不能眞正扮演老大哥的關鍵。

所以重點來了：如果要認眞解決歐債問題，德國這個老大哥該付出什麼代價？

歐洲諸國各懷鬼胎，歐債危機仍要徘徊十年

第一，德國要放棄工業產品的價格優勢。德國少了價格優勢，其他歐洲國家的產品在德國與歐洲其他地區才有市場。具體的做法就是放棄歐元，改用舊德國馬克，但如果這樣做，歐元區等於名存實亡，沒有任何歐洲國家希望承受歐元區解體的代價，這是德國在解決歐債問題上要面對的兩難之一。

第二，德國要用自己雄厚的資本收入，幫助其他歐洲國家改善財政體質。可是這樣做等於是送錢給南歐國家去還債。如果可以對南歐這樣做，爲什麼不能也對東歐國家這樣做？這樣下去可是個無底洞。所以，德國既沒辦法對南歐國家放高利貸（此舉對不起南歐國家，也有失歐盟老大哥應有的氣度），卻也沒辦法持續無條件支援南歐。在民意的壓力下，德國始終不肯在財政上做出更大的讓步。

這也是德國反對發行「歐盟公債」的原因，因爲一旦發行歐盟公債，最大的買家必然是德國，也就等於是花德國的錢，給其他歐洲國家創造經濟回春的資

本。所以德國寧願透過歐盟央行擴張資產負債表，用壓低借貸成本的方式替銀行爭取更多的流動性，同時也迫使南歐國家接受財政同盟，用漸進的方式逐步改善財政體質，此舉一來可以讓德國不必付出太大的代價，就能替歐豬國家的債務問題爭取更多時間，二來也可以持續維持德國在歐盟內的利益與地位。

的確，這樣的做法使歐債問題暫時止血了，但頂多只是花錢買時間，並沒有眞正解決歐債問題。有債務並不可怕，可怕的是還不起債。對南歐國家來說，如果只靠節衣縮食來強化財政體質，反而會陷入經濟負成長的惡性循環中，如此一來，債務問題不但無法解決，還會更加擴大。這也是歐盟央行總裁和義大利總理早在二〇一二年三月的歐盟高峰會上，就持續呼籲德國要在歐債問題上負更多責任鼓勵增長、而非撙節的道理（表1-2）。

這注定了歐債問題會在往後的日子裡不斷捲土重來，甚至成爲干擾資本市場與全球經濟的因素。就連德國總理梅克爾自己也承認，要徹底解決歐債問題，不花上十年的時間根本不可能。現在，就連英國也想退出歐盟了，因爲從英國的角度來看，加入歐盟就是必須與歐元區進行財政掛勾；對英國來說，加入了這個聯盟，就等於倫敦要把金融中心的地位拱手讓給法蘭克福，基於國家利益的考量，沒有任何英國政客願意接受這樣的安排。

表1-2 歐盟峰會的主要結論
五大優先事項： ◎推行依國情而異且有利成長的財政鞏固措施 ◎恢復正常放貸 ◎促進成長與提升競爭力 ◎處理失業問題與危機的社會衝擊 ◎推動公共管理的現代化
三大關注領域： ◎刺激就業（尤其是年輕人就業） ◎完成單一市場尚未達成的目標 ◎強化各國財政
二十五國財政協議： ◎強化財政紀律與歐元區的整合
峰會後的三大隱憂： ◎局勢緩和後，各國歧見再起，導致延後擴大歐洲穩定機制（ESM）規模、紓困銀彈依舊不足。 ◎希臘再度未能履行承諾，可能退出歐元區的傳言再起。 ◎歐洲央行的三年低利貸款未能發揮效用，銀行間資金市場依然緊俏。
資料來源：歐盟、道瓊社

西班牙和義大利呢?看到希臘的前例,這兩個國家開始願意接受財政同盟的安排,但是財政同盟牽涉到開源節流,有多少政客與民眾願意忍受這種被剝奪的痛苦?誰能保證今天達成的共識,明天不會被推翻?果然在二〇一二年五月,原本按照德國遊戲規則的節衣縮食政策,經過幾場選舉之後一切都變了。法國總統大選的結果,是由主張反對刪減預算與開支的社會黨領袖歐蘭德當選,而希臘國會大選的結果,也是由反對刪減開支的左派政黨贏得選舉。就連德國總理梅克爾所領導的中間偏右基督教民主黨,在地方選舉中也接連遭到挫敗。姑且不論德國和法國對歐債問題的解決方案孰優孰劣,在這一連串的協商與衝突中,會給資本市場帶來嚴重的不確定感,使得由華爾街主導的資本市場對歐洲政治前景更沒信心,國際資金相繼流出歐洲資產。

這就是民主政治。

由此可知,歐債問題其實是個徹頭徹尾的政治問題。歐債危機會演變到今天這個地步,除了反映出歐盟自身經濟結構與遊戲規則應該重組的現實,更重要的是,在類似這樣的經濟危機中,民主政治暴露出自身缺乏效率的問題。從歐洲邊陲國家與核心國家過去三年的種種舉動可以看出,雙方的政客都在討好選民,也因爲政治人物都在討好選民,對於眞正關鍵的問題都不願意對症下藥,其結果就是導致事態的更加惡化，最後逼得大家勉爲其難地坐下來，協商出一個「次好」的方案，然後再求慢慢改進。

一連串的政治衝突，使歐美各國都進入了去槓桿（de-leverage）的「大債時代」，而在經濟全球化的世界，過去乘著歐美槓桿而崛起的金磚四國，必然也無法置身事外。這一切，就要從金磚四國憑什麼崛起開始談。

2 發展的限制：金磚四國面臨經濟與政治的雙重轉型

如果有人單純地認爲，當歐美國家身陷債務危機，正好是新興市場國家崛起的契機，那也未免過於一廂情願。儘管從經濟數據上來看，新興市場國家在金融海嘯後的成長明顯勝過成熟國家，但在此還是要提出一個反思：在發生金融海嘯之前，相同的情況不是也已經持續了好幾十年了嗎？

特別是世人廣爲認知的金磚四國。中國自一九七八年改革開放至今三十多年，平均的年經濟成長率都超過九％。除了情況最糟、且發生天安門事變的一九八九年和一九九〇年，經濟成長率下降至四・〇七％與三・八三％之外，其他的每一年，中國的經濟成長率最高達到一四・二四％（一九九二年鄧小平南巡），最低也有七・一一％（一九九九年亞洲金融風暴）。可見無論有沒有發生金融海嘯，高經濟成長對中國來說並不是新鮮事（圖1-1）。

再以巴西爲例。這個國家經濟成長的黃金時期是在七〇至八〇年代，雖然在

圖 1-1 中國改革開放至今 GDP 成長走勢圖

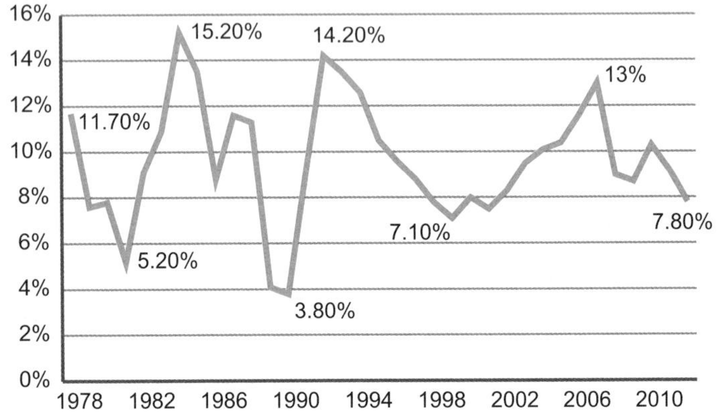

資料來源：中國國家統計局

圖 1-2 巴西近二十年 GDP 成長走勢圖

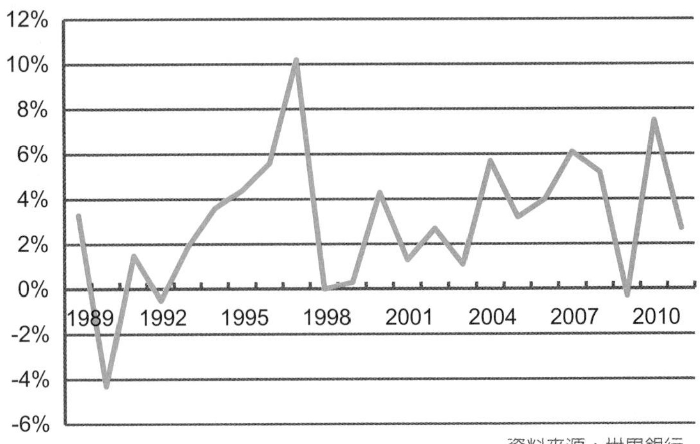

資料來源：世界銀行

八○年代末期深受惡性通膨的打擊，導致經濟負成長，但是從一九九二年卡多索改革以來，經濟成長率再度恢復至六％以上的水準。即使在一九九五與一九九九年分別受到墨西哥經濟危機與亞洲經濟危機的影響，經濟陷入負增長，但二○○二年之後，歐美房市與原物料泡沫的興起，使得巴西的經濟成長又呈現向上的趨勢，表現多在四～六％，直到金融海嘯發生，情況才又出現變化（圖1-2）。

印度的故事則有些不同。該國在一九九一年進行自由化改革之前，經濟表現的落差相當大，從一九七四至二○○三年這三十年間，GDP曾出現十六次的下滑，以及十二次的成長（還有一次是持平），落差之大相當令人咋舌。不過在一九九一年進行自由化改革之後，GDP大幅的落差表現開始收斂（高低落差縮小至四．四～七．八％）。二○○三年之後，開啟了平均七％以上的年成長率。儘管印度長期與中國在亞洲有著瑜亮情結，其經濟的穩健起飛在時間上卻比中國晚了整整十年，但這也證明了，印度的經濟發展有其自身的軌跡（圖1-3）。

再來看俄羅斯。雖然一九九一年蘇聯垮台後，俄羅斯開始實施自由化改革，但是粗暴的改革卻使俄羅斯經濟陷入了痛苦深淵，從一九九一至一九九九年葉爾辛主政期間，俄羅斯的經濟表現年年萎縮，一九九九年的GDP甚至萎縮近一○％。直到普丁上台，才出現好轉，其中在一九九九至二○○○年之間，甚至創

圖 1-3 印度近二十年 GDP 成長走勢圖

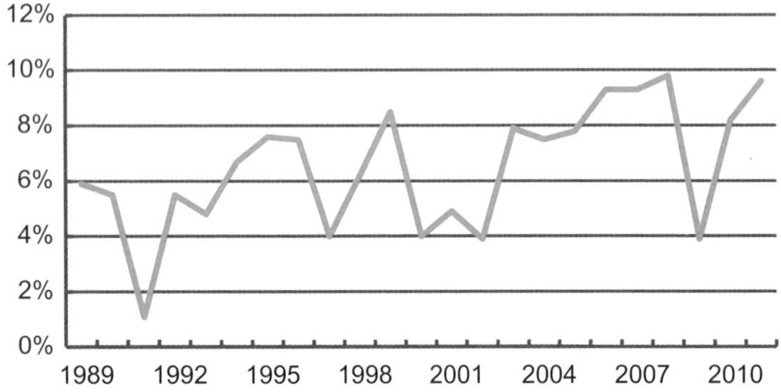

資料來源：世界銀行

圖 1-4 俄羅斯近二十年 GDP 成長走勢圖

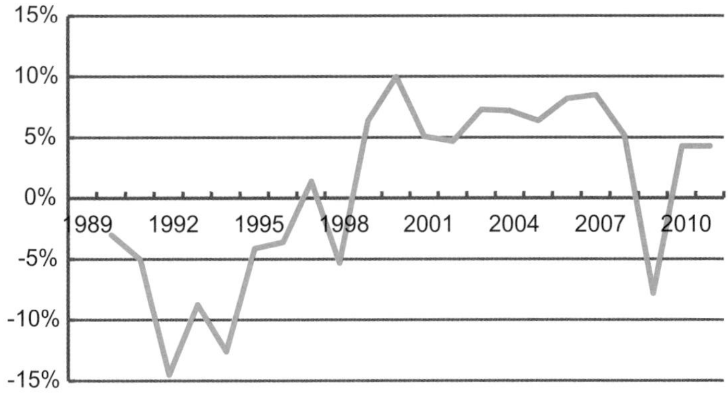

資料來源：世界銀行

下超過一〇%的經濟成長率，即使二〇〇一年全球經濟因科技泡沫而有衰退，俄羅斯在二〇〇一至二〇〇三年仍有逼近五%的經濟成長率。到了二〇〇四年以後，更因爲搭上全球原物料與能源泡沫的列車，每年的增長率維持在五~六%以上（圖1-4）。

不過，在金融海嘯之後，俄羅斯卻成爲金磚四國中經濟復甦最緩慢的國家。這不是因爲俄國政客無能，而是這個國家的歷史包袱已經對產業與人口的結構產生限制，這個部分在後面的章節會討論到。

沒有房市泡沫，就沒有金磚四國的起飛

由此可見，金磚四國能夠邁入高成長，雖然在時間點上有先後，但背景卻是一致的：領導人的改革，讓國家經濟成長得以與全球景氣產生連結。至於高盛那篇金磚四國的報告，雖然給了這四個國家一個很美的成長願景，但如果仔細比較這四個國家的經濟發展史，會發現原來金磚四國的「興起」，是建立在領導人的改革上（即使時間點不同），而金磚四國的「起飛」，卻是建立在歐美原物料與房市需求的大泡沫上（時間點相同）。

從這個角度來看，如果全球經濟不至於陷入大蕭條，那麼金磚四國的經濟還是可以持續增長，至於能否持續「起飛」，答案就比較悲觀。因爲金磚四國的經濟之所以能在二〇〇三年之後起飛，主要是仰賴歐美的需求帶動所致。當歐美國家的房市崩盤、進而導致原物料多頭結束，過去乘著這些需求而起飛的金磚四國必然受到拖累，進而被迫去摸索出一套新的增長模式。

二〇〇三至二〇〇七年這段大多頭期間，歐美的房市泡沫讓金磚四國在經濟發展上有了不同的定位，基於歐美對消費成品的需求，中國是世界的「工廠」、印度是世界的「辦公室」（工廠負責供應低成本的硬體產品，辦公室負責供應低成本的軟體服務）、巴西是世界的「糧倉」、俄羅斯與中東是世界的「油田」（糧倉負責供應礦產與農作物，油田負責供應原油與天然氣）。然而，一旦歐美的房市泡沫崩毀，過去推動經濟成長的嬰兒潮世代也步入退休，那麼金磚四國在全球經濟的定位會出現什麼變化？

答案其實是：不知道。但可以肯定的是，中國未必甘願只做工廠，印度也未必甘願只做辦公室，而巴西和俄羅斯必然不願意、也無法繼續扮演糧倉與油田的角色。過去金磚四國搭上了歐美房市與原物料泡沫的「順風車」，如果現在被迫「下車」，下一部車要去哪裡找？這是非常尷尬的處境，因爲現實告訴我們，沒有下一部車。既然金磚四國的經濟發展無法再倚賴歐美的順風車，若要維持經濟增長，唯一的方法就是靠自己。問題是，靠什麼？怎麼靠？

於是，改革的呼聲出來了。只是既然要改革，除了要有對的方法，更要有足夠的時間。經濟規模愈大，要調整的結構愈多，需要的時間就愈長。而且，改革若要成功，外部環境與整體經濟的穩定是必要的前提，若外部環境與整體經濟都不穩，改革能否成功將是個未知數。

改革不只是經濟問題，更是政治問題

中國若要擺脫世界工廠的定位，就必須發展內需，把以資本投入、人力生產與能源消耗爲主的「粗放型經濟型態」，改成以企業創新、內需消費與再生能源爲主的「集約型經濟型態」。過去擔任世界工廠的角色，中國能源消耗的速度明顯大過經濟成長的速度，也使得資源利用率偏低，單位產品的能耗水準明顯高於世界水準，進而導致環境惡化與貧富不均的問題。另一方面，由於長期的資本與能源消耗，中國也出現了盲目投資、重複建設與產能過剩的問題，導致出現基礎建設泡沫、房市泡沫等資產泡沫化的現象。

套一句中國前總理溫家寶的話：「中國經濟不平衡、不協調、不可持續。」爲了改善這種現象，中國不但推出了「十二五計畫」去引導經濟轉型，就連中國人民銀行行長周小川也在公開場合表達「中國經濟的轉型，約莫需要十年時間」的論點。畢竟過去這套經濟成長的型態，在中國已經實施了三十年，要改革談何容易？現階段中國要做的，不只是產業的升級、企業的創新，更包括人員的訓練與思想的解放，其涉及層面之廣、影響範圍之深，可說是前所未見。所以從中國的角度來看，享受了三十年的經濟高成長，花上十年的時間去調整結構、甚至犧牲高速的經濟成長，也是必然要付出的代價。

另外，中國仍是一黨專政的國家，儘管中國共產黨努力想維持活力，但以黨領政的結果，必然是企業、個人與社會思想及創新上的壓抑。所以不只是經濟結構要調整，中國更要進行政治改革，才能使經濟成長有政治結構上的支持。這是中國未來在轉型上最大、最難、也是最隱晦難測的部分。若成功，中國的經濟可以順利轉型；若失敗，中國的政治與經濟必然會陷入另一場動盪。

不只中國，金磚三國統統要轉型

巴西也在調結構。現任總統羅塞芙在二〇一〇年上台之後，就宣示首要的施政目標不是經濟增長，而在於改善貧富差距。過去魯拉總統當政，雖然造就了巴西經濟起飛的黃金時期，但是長期仰賴原物料出口以創造經濟成長的結果，使巴西出現了東北富裕、東南與西部貧窮的畸形現象。再加上巴西境內沒有任何像樣的製造業，使得進口物資的價格比全球的其他地方明顯偏高，令巴西面臨貧者愈貧、富者愈富的窘境。所以對羅塞芙而言，除了透過大力發展內需以提升民眾收入，更要運用一連串財政、貨幣與教育的政策，創造一個適合讓製造業回流巴西的環境。

從羅塞芙上台以來，巴西政府在肅貪方面不遺餘力。另外，羅塞芙為了歡迎製造業進入巴西，不但投入大量的教育資源去提升國民的素質，更在國際場合對製造大廠表達善意，台灣人所熟悉的鴻海就計畫在巴西設廠。巴西政府更開始推動「壯大巴西」（Bigger Brazil）計畫，對紡織、製鞋、家具與軟體等產業提供稅收減免的措施，也把貿易調查員的數量增加三倍，專門應付國際貿易訴訟案件，以維護巴西在製造業的優勢。

除了政府，央行也湊一腳。羅塞芙主政下的巴西央行，對熱錢與外資始終採取謹慎態度，一方面對付通貨膨脹，二方面也透過壓低巴西的匯率價格，維護製造業在出口上的優勢。不過到目前爲止，巴西在調整經濟結構上所端出來的成績相當有限。

與中國有競爭關係的印度，在調整結構上也不遺餘力。自從金融海嘯以來，印度政府就不斷透過貿易訴訟，減少中國製產品在印度的競爭優勢，另外也計畫大力投入基礎建設，學習中國經濟模式的長處，並克服國家經濟因基礎建設不足與行政效率低落而面臨的成長限制。

眾所周知，印度對通膨特別敏感，除了國際油價之外，糧食價格對印度經濟更是嚴重的威脅。糧食價格之所以會對印度經濟構成威脅，關鍵在於落後的基礎建設使印度的農產品從生產、收成到運輸與儲存的過程中，都面臨極大的風險。由於基礎建設嚴重不足，雨季的正常與否對印度的經濟特別重要。雨季若正常，糧食收成才會正常（反映印度農業政策的缺陷與水利灌溉工程的欠缺）；雨季若不正常，不只糧食要靠進口，政府更得在財政上負擔額外的補貼費用（反映印度運輸與倉儲建設的不足，以及政府在財政規畫與糧食政策上的缺陷）。由此可見，儘管有著極具競爭力的民間企業，但因基礎建設不足，使得印度仍是一個典型靠天吃飯的國家。

既然基礎建設落後，那麼「行政效率」就是印度經濟在轉型中必然要改革的對象。行政效率的優劣與基礎建設的好壞成正比，行政效率愈高，基礎建設的服務就會愈快愈好；行政效率愈慢，基礎建設的速度與品質便令人擔憂。台灣人對這方面應該有很深的體會。在台灣，造橋鋪路從來就不是一件容易的事，這其中不但要協調地主、居民、企業與國家的利益，在施工期間，只要其中一方想翻盤，勢必面臨追加預算的窘境，而追加預算雖不一定代表公共工程的品質受影響，但是對政府的財政必然也是一大打擊。

印度的財政狀況之所以受人詬病，經濟發展之所以有瓶頸，關鍵就在這裡：複雜的政治生態與社會結構，導致低落的行政效率與落後的基礎建設。

印度最大的挑戰，也在這裡。這個國家的執政當局，是由二十五個政黨所組成的聯合政府來運作，而這二十五個政黨來自不同宗教、種族、階級、地區與利益團體，在民主制度下，印度政府要推出任何措施，都得付出時間與金錢的代價。若沒有獨具慧眼的領導人物，以氣吞山河、雄踞天下之姿推行改革，其經濟結構中的弱點，不但無法因應來自國際的競爭，更會使經濟發展陷入極度不平均的狀態（圖1-5）。

在這裡，落後的基礎建設與行政效率是果，複雜的政治生態與社會結構是因，從這個角度來看，印度要做的改革就是用大刀闊斧的氣魄施政。幸好印度總

圖 1-5 印度各省的 GDP 貢獻度並不平均

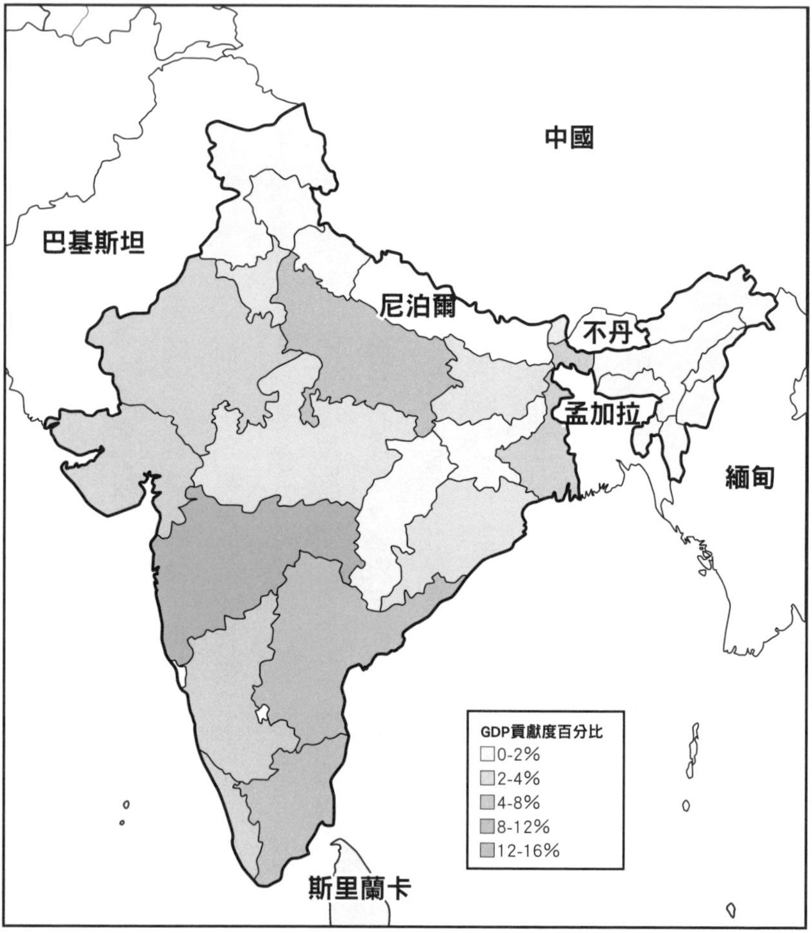

資料來源：www.mapsofindia.com

理辛哈看到了這點，在二〇一二年九月宣布一連串的改革措施，堪稱是二十年來印度的第二次轉型。

俄羅斯轉型工程艱巨，內政外交必須兼顧

最後來看俄羅斯。俄羅斯的情況更加嚴峻。首先，這個國家不但沒有人口紅利，還正邁入老年化社會。其次，俄羅斯沒有服務業，民生消費品多數仰賴進口，產業結構嚴重失衡。第三，占俄羅斯出口總額超過五五%的歐洲，已經面臨長期的經濟衰退，而歐洲的衰退必然導致原油需求放緩，使得俄羅斯無法再如同過去一樣，高度仰賴石油與天然氣出口作爲國家經濟發展的重心。意思就是，俄羅斯的經濟轉型，要調整的內容包括產業結構、人口政策、政府制度與出口市場等四大問題。

尷尬的是，以當前俄羅斯的政治結構與國際處境來說，要調整這四大問題，難度非常高。從一九九九年起開始掌權的普丁，雖然曾在二〇〇八年把總統一職讓梅德傑維夫擔任，但是普丁卻在同一時期擔任俄羅斯總理，依舊把持著國家的發展方向。二〇一二年四月，普丁再次挑戰總統大位，並當選了總統，依照憲法

規定，他的執政時間將可以延續至二〇一七年，而且只要他願意，還可以競選連任。

身為俄羅斯總統，普丁必然知道國家經濟的盲點，但在長期掌權必然導致腐敗的鐵律下，普丁的改革能否使俄羅斯經濟脫胎換骨，全世界都在看。更重要的是，俄羅斯在二〇一二年加入了世界貿易組織（WTO），使得產業政策成了該國改革的當務之急。對沒有服務業與民間製造業的俄羅斯來說，在世界貿易組織的規則下，石油與天然氣的出口必然不會像過去那樣順利，而新產業的成長與茁壯，在世界貿易組織的架構下，政府所能扮演的角色也必然有限，同時俄羅斯更要面對西方大型企業的步步進逼。換句話說，加入世界貿易組織前，普丁對俄羅斯的經貿政策有完整的決定權，但是在加入世界貿易組織後，俄羅斯的經貿政策該怎麼走，已經不是普丁一個人說了算。

更難的，是人口政策。即使現在普丁政府鼓勵人民「增產報國」，但是一個消費群體的養成，至少要二十年以上的時間。根據俄羅斯聯邦統計局的數據，二〇一一年俄羅斯的總人口一億四千三百萬，比二〇〇二年少了二百二十萬人，而且男性的比例只有四六·三%，顯見性別失衡問題嚴重。此外，在二〇〇八年，低於勞動年齡的人口數僅占總人口的一五·九%，而超過勞動年齡的人口卻已占總人口比例的二〇．九%，可見俄羅斯已經處在一個典型的老年化社會。要如何扭轉這樣的人口結構，已成爲俄羅斯當局最艱難的任務。

普丁政府在過去兩屆任期之內，推出了許多扭轉人口劣勢的政策，範圍涵蓋生產、教育等補貼，有些地方政府爲了鼓勵民眾生育，甚至還制訂國定假期，希望民眾可以在當天留在家中「好好做人」。不過，五花八門的政策內容就算有成效，按照高盛的預估，最快也要等到二〇二五年。

圖 1-6 金磚五國 2010 年三類產業占 GDP 比重

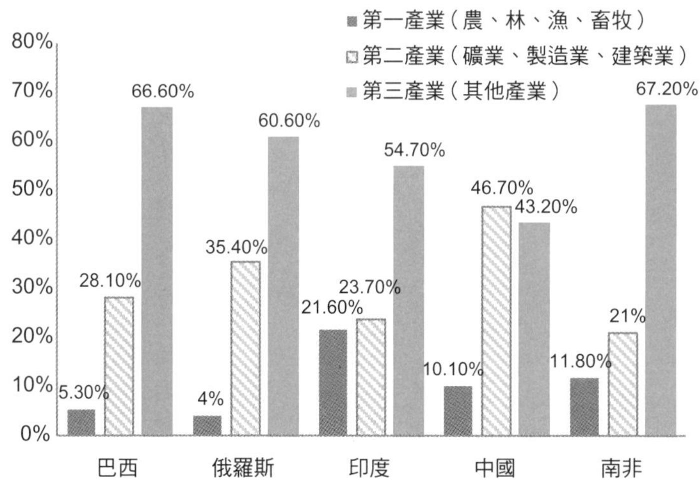

資料來源：中國國家統計局、金磚國家聯合統計手冊

綜合上述可知，不只歐美國家，金磚四國也都在轉型。中國和印度的轉型工程最爲艱巨，因爲龐大的農村人口要如何繼續脫離貧窮，將是這兩國未來施政的重點（圖1-6）。至於對巴西和俄羅斯來說，雖然人均所得比中國和印度都要高出許多，但這兩國在產業與人口政策上的轉型能否成功，沒有人知道。就算所有的條件都能配合，國家的轉型還是得花上相當長的時間，而除了時間的因素之外，還得看這些國家的領導人決心是否堅定、政策是否正確，以及國家在國際場合上是否能透過完美的博奕，創造最大的效益。

爲了取得翻身的機會，反映在具體的行動上，就是金磚四國等新興市場，未來會在全球的能源、商品、貨幣和各種規則上，與歐美等已開發國家陷入一場漫長、痛苦且刀刀見骨的激烈競賽，進而導致全球在未來面臨政治與經濟上的長期不確定。

已開發國家和開發中國家共同進入低成長年代，是當前世界之所以「沉寂」的主因。然而，這種沉寂也會引發另一種不安，這種不安有可能成爲全球未來衝突的種子。這一切，就要從安全的限制講起。

3 安全的限制：競逐三大資源，全球政經風險升溫

在國際關係上，有一種現象稱爲「安全困境」。之所以稱爲「困境」，主要是在於各國爲了追求安全，所有在政治、經濟與軍事上的動作，反而會引起他國的猜忌，進而對他國的安全造成困境。舉例來說，當A國想要奮發圖強時，必然會投入更多資源在政治、經濟與國防事務上，倘若A國的這些舉動造成了B國的猜忌，B國也會開始投入更多資源，去抵銷A國奮發圖強所帶來的成效。

這種現象很像過去聯考時代，老師常常會警告學生說：「你再不好好唸書，小心隔壁班的張三會考贏你。」然而張三又不是聾子，當這番話傳到他耳裡，他一定會因此更加用功，給其他同學造成更大的壓力，使同學們的生活陷入一種「少了張三，不知人生目標在哪」的困境，直到放榜的那天爲止。

國與國之間也是一樣。A國或許沒有侵略B國的意圖，但B國並不了解A國奮發圖強的眞正目的，於是只好在明裡或暗裡與A國較勁。這時候可能再加上C

國、D國，甚至一直排到Z國，國際間的合縱連橫、爾虞我詐、弱肉強食與出爾反爾也就見怪不怪。而且更痛苦的是，這種國與國的競爭是不會有「放榜」的一天。

無論有沒有發生金融海嘯，安全困境的現象在人類史上已經存在數千年，更何況現在正處於金融海嘯餘波盪漾、政府債務岌岌可危、遊戲規則搖搖欲墜，以及新舊強權蠢蠢欲動的年代。因此，要如何在新一輪的遊戲賽局中取得領先地位，關鍵就在一個國家能否掌握足以使自己立於不敗之地的資源，或是建立一套有利於自己的遊戲規則。即使一個國家的實力還不足以掌握資源或建立規則，但至少也要積極參與，才能使對方不敢忽視它。在這樣的情況下，國與國在競逐資源與遊戲規則時，就具備了比過去更豐沛的能量。

這樣的情況，已經反映在各國對能源價格、匯率價格、糧食價格的積極爭執與應對作爲上。其實，國際關係的現實主義大師、曾擔任美國國務卿的季辛吉（Henry Alfred Kissinger）早就說過，如果掌握了石油、糧食與貨幣，就等於掌握了政府、人民與世界。能源、貨幣與糧食，就是新舊強權在下一波賽局中想拿到的王牌，這就是爲什麼，近年來大家常聽到所謂的「貨幣戰爭」「糧食戰爭」「能源戰爭」。這些原本中性的資源之所以會被冠上「戰爭」一詞，正反映出一個千古不變的眞理：權力才是最大的財富。

放任價格自由化，能源與糧食戰爭開打

先談能源戰爭。傳統概念中的能源指的就是石油，而當前全球石油的主要產地——中東地區，是美國在控制。在幾個關鍵的石油運輸路線和運河，包括波斯灣、荷姆茲海峽、麻六甲海峽、巴拿馬運河與蘇伊士運河等，美國也維持著相對優勢的軍力。所以放眼全球，石油這項資源已經被美國牢牢掌控，而且美國爲了維繫石油的利益，曾多次出兵中東，無論出兵時的理由是伸張正義還是免於恐懼，不變的代價都是遭受攻打的國家百姓受苦、美國百姓與軍人也跟著受苦，但政客與企業卻得以不斷從中獲取利益（圖1-7）。

不過，石油資源也不是完全由美國所掌控。由於中國和印度經濟的起飛，讓非洲和拉丁美洲的產油國有了致富的機會，甚至在中東，中國和印度得以與西方企業共享石油資源。特別是在戰後的伊拉克，現在也會見到中國和印度的石油公司。可見無論在中東、非洲與拉丁美洲，哪裡有石油資源，哪裡就能見到強權，這是顚撲不破的眞理。

傳統能源的爭奪戰在未來將持續進行，但隨著石化資源的短缺與環境汙染，現在也出現了風力、太陽能等可再生的新能源。只不過，儘管發展綠色能源是全世界的共同目標，但在商業利益的考量下，維護地球的道德問題也不可避免地牽扯到赤裸裸的國家利益。

例如在過去三年，中國的太陽能產業與風力發電產業，靠著政府的補貼與低廉的價格，幾乎打遍世界無敵手。但是隨著歐美政府對綠色能源的補貼縮減，歐美各國開始聯手，透過世界貿易組織對中國施壓，要求中國降低對相關企業的補貼，以維護歐美企業的競爭優勢。深陷債務問題的歐

圖 1-7 美國駐軍與能源運輸的路線

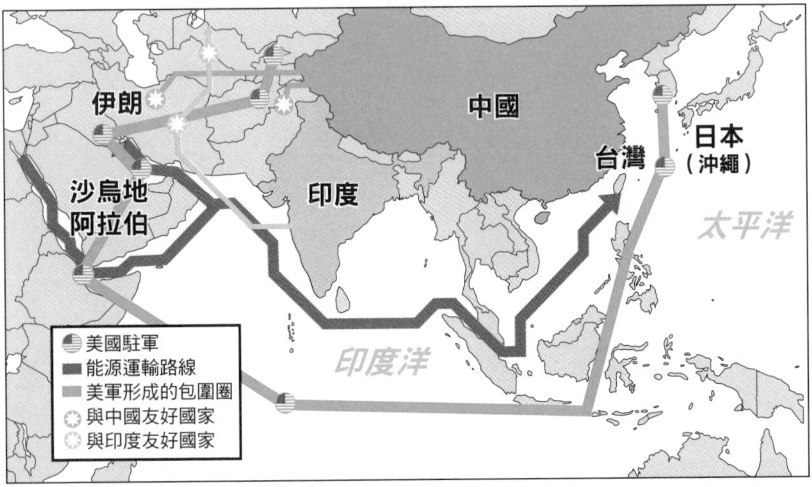

盟更誇張，乾脆直接對全世界要求，飛越歐洲領空的航空公司須繳交碳稅，這種粗糙的做法不但引起中國和印度的強烈反對，就連美國也不給予支持。

無論是新能源還是舊能源，都擺脫不了權力博弈的成分。在赤裸裸的國家利益之前，節能減碳的道德議題不再重要，因此我們可以理解，爲什麼每次聯合國召開氣候變遷會議，無論那些即將遭海洋滅頂的島國如何大聲疾呼，甚至把潛水道具搬上發言台，懇請大國同情他們的處境，大國還是無動於衷。

除了能源，糧食戰爭的陰霾也愈來愈濃厚。雖然各國有自己的農業政策，但是在國際貿易領域，來自歐美的ABCD四大糧食生產商（即ADM、Bunge、Cargill、Louis Dreyfus這四家公司），卻主宰了全球八〇%的農產運輸與貿易，是全球糧食作物的定價者。對所有被納入國際體系的開發中國家來說，糧食貿易從上游的生產、中游的加工，到下游的貿易及定價，都是這些西方大企業說了算，所以這是一場不公平的貿易。然而由於開發中國家沒有堅強的企業當後盾，如果要在糧食議題上與歐美國家博奕，無異是以卵擊石。基於這層原因，對雙方來說，糧食問題不只是經濟問題，更是政治與安全的問題。

舉個例子，就可知道糧食貿易攸關國家利益。在上述四家糧食廠商中，只有Louis Dreyfus（路易達孚）是來自法國，其他三家都是美國公司。一般人對這四家公司所知相當有限，因爲它們主要是從事B2B（企業對企業）的生意，一般消費者根本不容易接觸到相關的訊息。這四家公司藉由不斷的併購，在全球糧食產業鏈的上、中、下游都擁有足以呼風喚雨的實力，甚至彼此還會合作，對特定國家的糧食政策施加壓力。二〇〇五年，爲了抗議巴西的巴拉納州政府禁止種植基因改良大豆的新規定，ADM與Cargill兩家公司聯合種子公司孟山都（Monsanto），以集體罷市與將生意撤離該地的手段，迫使巴拉納州政府收回成命。

有陰謀論者將這些廠商的利益與美國政府做掛勾。雖然歐美政府在國際貿易上常高舉自由貿易的旗幟，要求開發中國家的政府停止補貼農民，但歐美政府卻對自己境內的農業進行高額的補貼。此外，糧食貿易都以美元計價，當糧食價格愈高，這些廠商不但可以賺飽飽，還可以增加開發中國家購買糧食的壓力，進而拉大歐美國家與這些開發中國家的相對優勢，而美國也可以藉此回收更多美元，當作印鈔發債的資本。所以，開發中國家若想在糧食生產、運輸、儲存與價格上，擺脫四大廠商（或是美國）的控制，只有一種方法：靠自己。

於是，新興國家與歐美國家陷入了另一場角力賽，甚至還讓糧食議題波及到水資源。如果再不制止這種扭曲的交易結構，局面很有可能會演變成，糧食與水這種人類生存的必需品，竟成爲華爾街交易員套利的工具、大企業勒索國家的武器，以及國與國貿易爭端的藉口。而且一旦糧食與水的價格失控，單純的經濟問題就會演變成嚴重的政治問題，甚至還攸關生死存亡。由此可見，能源、糧食與水資源，將是已開發國家和開發中國家未來在經貿議題上針鋒相對的領域。

貨幣戰爭起自不公平的匯率聯繫制度

再來，就是近年最常討論到的「貨幣戰爭」。自從美國在一九七一年正式告別金本位制之後，國際間衡量財富的基本度量就不再是黃金，而是美元。從此之後，「美國十年期公債殖利率」順勢成爲全球商品與金融交易價格的衡量基準。從這個角度來看，美元相較於他種貨幣，有著結構上不可撼動的優勢：它擺脫了供需原理對價格的限制。

這個意思就是，美元的價值不是由市場機制所決定，而是由美國政府決定。儘管現階段美元的利率接近於零，使得美元相對弱勢，但由於國際間財富的價格被迫與美元匯率掛勾，因此便宜的美元可以堂而皇之地使他國資產跟著縮水。反之，未來當美國升息，美國不但可以回收因升息而升值的美元，還可以掏空他國與美元掛勾的財富。正反之間，一來讓他國爲美國的負債買單，二來還可以透過製造資本泡沫的手段，擴大美國和他國經濟實力的差距。

從任何角度來看，目前的美元體系有著體質上的嚴重缺陷，而且以美元作爲世界財富的度量衡，是一種不公平、不正當且畸形的交易結構，因爲倘若美元沒有了價值，世界各地以美元計價的資產也就跟著失去了價值。於是，無論美元本身在結構上如何千瘡百孔，其他國家拚了老命也要維繫美元的地位，因爲這個世界還無法承受美元價格崩壞的後果。

這就是爲什麼，中國人民銀行行長周小川公開疾呼，應該推行以一籃子貨幣爲主的「超主權貨幣體系」，同時這也是爲什麼，巴西、俄羅斯和印度的財政部長公開指稱，美國聯準會所謂的「量化寬鬆」就是在進行貨幣戰爭。因爲當數量龐大的美元在市面上流通，即使美元的匯率價格沒有出現明顯下跌，以美元計價的商品，價格卻會出現明顯的上漲，增加全球通膨的壓力。對那些平均支出仍以食物與民生必需品爲主的開發中國家來說，通膨的加劇不但是經濟問題，更會演變爲政治與社會問題。

然而，無論各國再怎麼大聲疾呼，美國就是無動於衷，因爲美國實施量化寬鬆，在意的不是他國的通膨是否失控，而是美國自己的經濟是否有起色。這就是爲什麼，二〇一〇年十月，正當新興市場國家開始因美國第一波量化寬鬆所導致的全球能源與糧食價格飛漲，付出嚴重通膨的代價時，美國聯準會主席柏南克干犯眾怒也要推出第二波的量化寬鬆。這也是爲什麼，二〇一二年當聯準會眼見國內就業率毫無起色，乾脆進行無金額上限的第三次量化寬鬆，並宣布聯準會的貨幣政策與美國就業掛勾。美元是美國的資產，卻成了其他國家的問題。

總括來看，未來世界的動盪與衝突，都將與這三大關鍵資源有關。能源、糧食與貨幣，無論是哪一種資源的競爭，都足以在成熟國家與新興國家之間引發政治與經濟的衝突，而這些衝突無論規模大小，代價都是由全世界一起承擔。

在這樣衝突的結構下，更不用說會因爲貿易失衡而導致匯率的衝突了。在這方面，中國幾乎成了全世界的代罪羔羊（誰教它是世界工廠），可是對中國來說，改革開放後的三十年，賺的是血汗錢，倘若現在西方國家因爲自身經濟陷入困境就逼迫人民幣升值，要中國連血汗錢都不能賺，令人情何以堪？匯率戰爭除了會影響大宗商品的價格，更會影響到國際貿易，只要其中一方不願妥協，都有可能引發貿易大戰，進而導致全球經濟的衰退。

對任何有強烈企圖心的大國來說，能源、糧食與貨幣這三種工具缺一不可。也正因爲缺一不可，各國在搶奪這些關鍵資源時，會付出更大的心力、更大的代價，以及更多的時間，而全球經濟也將因這些議題而持續陷入動盪。這種安全上的限制，會讓所有國家在爭奪糧食、石油與貨幣的過程中充滿能量，進而升高擦槍走火的可能性。例如，從中國在南海的動作，引發東協各國和美國的介入就可看出，在這個遊戲規則重組的年代，所有強權都會試探對手的底線，所以未來在國際政治與經濟的場合中，我們必然會看到愈來愈多精采的故事。

當然，在國與國競逐的過程中，拉幫結派是免不了的。大國想要在爭奪貨幣、能源與糧食的過程中取得優勢，必然要拉攏中小型國家，作爲自己與對手抗衡的籌碼。只不過，當前的世界早已脫離冷戰結構，即使現在美國和中國處處爭鋒，卻還不到成爲敵人的地步，而既然大國彼此不想撕破臉，小國也沒必要選邊站。只要中小型國家的領導人有強烈的企圖心與聰明的外交手腕，都可以從大國競爭中得到相當大的好處。

4 基期的誘因：金磚四國拚轉型，中小型國家獲致契機

由以上分析可看出，在未來全球的局勢中，金磚大國和成熟國家將步入一場漫長、震盪且充滿衝突與試探的道路。在這個過程中，雙方都要調整結構：歐美國家在維繫自身服務業優勢的同時，要花相當的精力去創造製造業回流的機會。金磚國家在維繫自身製造業優勢的同時，也要花更多時間去創造更大的服務業，讓國家經濟發展不必仰賴歐美的需求。換句話說，**未來在很長一段時間內，世界上最主要的幾個國家都在進行調整政治與經濟結構的龐大任務，而進行這項任務的代價，就是犧牲部分的經濟成長，以換取成功的經濟轉型。**

這是過去四十年未曾出現過的變局。廿世紀上半葉，在凱因斯經濟學派主導全球經濟的時期，全球金融體系是以美元和黃金掛勾的「金本位」體系（俗稱的布列支敦森林體系），黃金是最後的定價標準，美元的價格盯緊黃金，各國的貨幣再盯緊美元。由於黃金是最後的衡量基準，因此各國不會濫發鈔票，在鈔票不

濫發的環境下，貨幣才眞正爲生產體系而服務，進而創造了美國的繁榮。後來隨著西歐和日本的經濟崛起，美國貿易順差的地位開始動搖，於是在一九七一年，基於美元的利益考量，當時的尼克森總統宣布放棄美元和黃金掛勾的布列支敦森林體系，改以美元作爲全球資產最終的定價標準。自此以後，全球貨幣對美元就進入了浮動匯率的時代，此時美元取代了黃金，成爲資產價格的基礎。至於美元的價值由誰來定義，也沒人在乎了。

在告別金本位制後，由於沒有任何東西可以用來定義美元的價値，再加上各國貨幣又與美元匯率浮動，所以貨幣就開始不爲經濟增長服務，而是爲金融資產服務，匯率交易與金融衍生商品也在這樣的時代背景下大行其道，開創了華爾街的金融盛世。在此同時，芝加哥的放任自由主義學派，在政府、企業與學術機構一連串的整合下，正式蔓延到全球各主要國家，成爲全球經濟的主流與共識。從此，崇尚透明、開放、去除政府管制與自由化的經濟理念成爲市場的共識，而崇尚價格自由與獲利最大化的結果，必然是降低管制與監督，造成各式金融創新商品肆無忌憚的出台，在形成資產泡沫之後再崩壞。這是二〇〇八年金融海嘯發生的結構性因素。

有許多人認爲，二〇〇八年的金融海嘯只是一般的景氣循環，只要像過去一樣，透過創造貨幣的方式形成另一個泡沫，全球經濟就可望復甦。但是，只要了解其發生背景，就知道金融海嘯所帶來的，不是單純的景氣循環，而是觀念、政治、經濟與金融結構上徹頭徹尾的規則重組。表面上引起金融海嘯的是美國的房市失控，實際上卻是放任資本主義的經濟觀念，在長期扭曲的繁榮假象下，給自己帶來的最大反噬。所以，全球經濟的復甦，關鍵不在於貨幣環境要多寬鬆，而是各國能否在這樣的環境下，創造出新一輪實實在在的成長動能。

規模愈大轉型愈難，印度洋中小型國家輕鬆過關

就因為現在面臨的是政治、經濟與金融體系的全面重組，過去因仰賴放任主義而在經濟上崛起的國家，現在都要進行另一波結構性的重組。先前已經提過，金磚四國的崛起主要是仰賴歐美的需求；一旦歐美必須進行結構性重組，金磚四國也必然被迫擺脫過去出口產品到歐美的角色。於是問題來了：轉型的過程當非一朝一夕可成，既然歐美現階段沒有需求，金磚四國必然會面臨產能過剩的壓力，這就是金磚四國必須拚轉型的原因。

金磚大國的轉型任務相當艱巨，而**培養新的出口市場，可以縮短金磚大國經**

濟復甦的時間，所以金磚大國新的增長機會不會在歐美，而是在中小型的開發中國家，特別是印度洋周邊的國家。

為什麼是印度洋周邊的中小型開發中國家？第一，從地緣政治的角度來看，環印度洋周邊目前還沒有出現絕對性的主導強權。一個沒有大國主場優勢的地區，是最適合進行權力博奕的舞台，而且環印度洋地區又恰好介於東協、南亞和中東非洲之間，是全球最重要的能源與貿易運輸路線，其關鍵的地理位置使各主要強權躍躍欲試。

第二，從開發中國家的角度來看，金磚大國和中小型開發中國家的政經合作關係，向來都比中小型國家對歐美大國的關係要好。這當中除了有文化背景的因素外，更有歷史與共同願景的因素。對金磚大國來說，在與歐美競逐權力之時，拉攏中小型的開發中國家，也符合金磚大國的利益；這一點可從中國在非洲和東協的擴張、印度對中東和東協的耕耘、巴西對拉美和中國的作用，以及俄羅斯對中亞和東歐的擘畫中，找到許多鮮明的例子。

第三，從國際貿易的角度來看，同樣是開發中國家，金磚大國和中小型開發中國家之間的貿易協定，在內容與廣度上比歐美對中小型開發中國家的貿易協定更具備「公平」與「可持續」的特性。對歐美國家來說，自由貿易的重心在「擴張企業利益」，所以當已開發國家與開發中國家簽署貿易協定，反而會造成強者愈強、弱者恆弱的困境；這種貿易協定名義上是「自由」，但其實不但沒自由，某種程度上甚至象徵著壓迫與宰制。但是對開發中國家來說，自由貿易的精神，就是「用自己所有的東西，與他國交換自己所沒有的東西」，這樣做，使得雙方在確保經濟成長的同時，也能連結彼此在政治與文化上的特殊紐帶。所以，即使開發中國家彼此之間偶有貿易爭端，卻又能在許多關鍵的國際議題上站在同一陣線。

這就是爲什麼未來中小型國家的經濟發展，會比已開發國家與金磚四國更看好。因爲少了歐美的需求，金磚大國勢必要轉向，去中小型的開發中國家創造需求，而中小型開發中國家也需要金磚大國的內需市場作爲自家企業的練兵場。基於兩方在歷史文化與地緣上的淵源，這些中小型的開發中國家將在更多的經貿議題上，與金磚大國連成一氣。

當然，儘管中小型的開發中國家與金磚四國緊密連繫，但從國家利益的角度考量，凡事都與金磚大國站在同一陣線，必然會把自己推向與歐美對抗的窘境，何況在某些領域，歐美國家與金磚大國的利益未必全然衝突。從國際趨勢來看，當歐美國家被迫要在平等的地位上與金磚大國交手，歐美國家必然也要去拉攏中小型開發中國家，替自己爭取對抗金磚四國的資本。於是，小國也樂得與歐美國家聯手，爲自己換取左右逢源的契機。

這可以解釋爲什麼同樣是開發中國家，冷戰時期先起飛的是亞洲四小龍，而不是金磚四國；因爲對當時的歐美來說，共產集團是一個封閉的經濟體，因此選擇以亞洲四小龍作爲歐美製造業外移的優先對象。這也可以解釋爲什麼在冷戰結束後，先起飛的是金磚四國，而不是東協、非洲與環印度洋各國；因爲對當時的歐美來說，剛從冷戰掙扎中解放出來的金磚四國，在製造業與服務業外包上，比過去的亞洲四小龍更具備土地、勞力與市場的優勢。

一旦了解這層軌跡，就可以知道，一國的經濟之所以能發展，除了自身條件足夠之外，「時勢所趨」更是重要。過去，共產中國之所以能夠走向開放，鄧小平的堅定改革固然是一大主因，但美國拉攏中國共同對抗蘇聯，才是中國得以大膽放手進行改革開放的依據。同樣的，當歐美國家因爲放任資本主義的反撲，必須進行長期去槓桿，導致被迫與金磚大國一起競爭時，中小型的開發中國家才有了扶正的機會。

簡單來說，過去是英雄（歐美）造時勢（金磚四國），現在是時勢（歐美＋金磚四國）造英雄（中小型開發中國家）。

金磚轉型換手駕駛，中小型國家只需搭便車

當成熟國家和金磚大國都被迫犧牲經濟成長才能成功轉型，中小型的開發中國家反而有「後發先至」的優勢。從產業鏈的角度分析，單純的造橋鋪路與生產加工，在資金上與技術上的門檻，都比發展品牌消費與高端製造來得低。所以只要外來資本流入，中小型的開發中國家就可以複製金磚四國經濟崛起的模式。從歷史上幾個經濟大國發展的軌跡就可得知，一個國家的經濟若要崛起，第一步必然是吸收外來資本與固定投資來創造產值，當地政府只要把基礎建設與政策法規的支持環境做好就行了。美國在廿世紀初的崛起、歐洲和日本在廿世紀中葉的復甦、亞洲四小龍在廿世紀末期的起飛、中國和金磚三國在廿一世紀的崛起，都是依循這樣的發展模式而來。只是到了今天，主角已經從過去的歐美大國與金磚四國，換成了中小型的開發中國家。

這就是「後發優勢」。金磚四國過去在經濟上的成功，已經給其他中小型開發中國家一個範例，只要國家領導人願意以開放的胸襟接納外資，原本貧困的經濟就可以獲得起飛的機會，這樣一來既可消除人民對貧窮的不滿，也可保持領導人自己的統治優勢。這就是爲什麼北韓總是希望用核武問題，來交換美國取消經

濟制裁的原因。這也是爲什麼緬甸軍政府寧願釋放翁山蘇姬，也要換取歐美解除經貿制裁的原因。這更是爲什麼向來注重社會主義的古巴，寧願裁掉超過一百萬名國有企業的員工，也要進行企業自由化改革的原因——維持統治優勢。

這些中小型經濟體的領導人都確實看到了，吸引外資是第一要務，而吸引外資以發展經濟的做法，是以企業爲主角、國家爲配角。在企業追求利益極大化的原則下，政府只要維持最基本的社會穩定與基礎建設即可，不需額外付出任何代價。這意味著，這些開發中國家已經把發展經濟的重責大任交給企業，未來的經濟發展將不再注重財富的分配，而是財富的「創造」。對資本家來說，這樣的環境與天堂無異。

反之，當金磚四國必須花更多力氣在財富「分配」，而非財富的創造，對資本家來說，這樣的環境即使還有成長空間，誘因也已大不如前。更何況，既然注重財富分配，必然會使企業治理的呼聲浮上檯面，而在任何國家，只要凡事牽涉到透明、公開，市場的驚喜就少了，作夢的空間也小了，炒作的想像更沒了。當金磚四國的資本市場，從過去激情的本夢比，邁向未來平淡的本益比，中小型開發中國家的資本市場才正要從過去平淡的本益比，邁向未來激情的本夢比。

金磚大國的基期限制，以及中小型開發中國家的後發優勢，在這裡發揮得淋漓盡致。這就是中小型開發中國家未來在投資上最吸引人的地方：無限想像的作夢空間。

講到這裡，環印度洋的政經變化，好像開始跟我們有點關係了。不過，台灣的讀者或許會認為這樣的變局都發生在千里之外，除了投資人以外，其他人好像沒必要去了解。但如果大家真的這樣認為，那麼台灣將為粗淺的視野而付出嚴重的代價。

5 台灣的機會：改變觀念吸引人才，方能完成產業升級

這種世局的改變，對台灣的影響其實是異常巨大的，然而偏偏我們對它的理解與認知少之又少。台灣無論在政治、經濟、甚至社會制度上，向來是以歐美爲師，即使號稱最自由的媒體，在報導的視野上也一向以歐美的觀點詮釋世界，所以在報導的題材與視野上，也愈來愈狹隘。

人民：突破媒體褊狹侷限的視野

回顧二〇一二年，台灣媒體的新聞報導重點只有五項：藍綠、八卦、美食、有毒食品與政府負債。至於在這段期間，歐洲國家如何化解債信危機、「上海合作組織」如何從政治集團轉型爲經濟組織、美國如何重返亞洲、金磚五國如何成立開發銀行與貨幣結算機制、美國如何奪回製造業優勢、東協如何發揮自己的外

交與經貿槓桿、印度如何掀起第二波經濟改革、亞洲國家的自由貿易區談判、緬甸局勢如何牽動中國和中南半島，甚至以色列如何迫使美國跳入自己設下的伊朗戰爭等，這些眞正有可能影響到台灣前途與經濟的關鍵事件，媒體的報導少之又少。

上述這些重大事件，有一半以上是發生在環印度洋周邊國家，而且每一起事件的本身，都牽涉到新舊強權對能源、糧食與貨幣的競爭。更重要的是，部分事件的主角，還是規模與台灣差不多的中小型開發中國家。當這些國家紛紛在替自己的未來爭取最大利益，台灣媒體的視野卻只關注島內所發生的事，對外界的變化一概置之不理。

如果眞的要讓台灣搭上環印度洋崛起的順風車，首要之務就是督促媒體增加國際新聞的報導比重，並加強自身對國際關係的認識。特別是財富與權力的關係、大國轉向對小國的影響、經濟轉型對人才培育與就業市場的衝擊，都會影響每個人未來的生涯規畫。如果我們認爲自己的命運比他人的八卦重要，就有責任與義務，去督促媒體在國際新聞報導的質和量上有所提升。

政府：繃緊神經，迎接更艱巨的轉型挑戰

環印度洋國家的崛起，不但會影響台灣的政治與經濟優勢，更會蔓延到一般人的生活領域。特別是當中國的製造業開始轉型，必須把低階製造業移至東協地區後，過去在中國沿海地區從事電子零組件、玩具與生活用品生產的台商到底該如何因應，就是一個涉及台灣產業變化的龐大工程。對於台商該如何提升在中國的競爭力，政府到目前爲止都還沒有具體的對策。

商機的崛起必然涉及人流與金流的移動。爲了吸引一流的人才，中國、印度、中東，甚至東南亞各國，都採取大膽而開放的措施，積極引進海外優秀的學生到當地就讀，或是鼓勵外國的技術移民前往當地就業。即使在非洲大陸，都有上百萬中國勞工在當地進行基礎工程與資產投資。但是台灣政府在這部分的作爲卻非常消極，特別是我國的勞工局，基於優先保障國內就業機會的考量，對海外人才的獎勵與就業機制根本就未建立；不只優秀的學生與教授紛紛跑到對岸或海外，就連優秀的外國專業人才也不願意來台灣長駐或工作，結果間接導致台灣勞工的平均薪資偏低、青年就業率偏低的窘境。

這種現實，更加深了民眾強烈的被剝奪感。沒有優秀的人才，就沒有優渥的

薪水，沒有優渥的薪水，誰願意替台灣打拚？於是只好眼睜睜地看著台灣的經濟地位逐漸被他國趕上，然後只能拿僅存的民主制度與公民力量自誇。這倒不是說政治成就不比經濟成就來得重要，而是從現實的角度來看，如果沒有持續的經濟成就，政治成就又能帶給人民多大的滿足感？

另外，台灣的人口結構已經逐漸步入老年化，若要維持勞動人口的競爭力，只有開放技術移民和鼓勵民眾生育這兩種途徑。然而面對前者，政府作繭自縛，最明顯的例子就是過去在台北街頭還可以看到東南亞來的勞工在蓋捷運、挖馬路，但是現在，不但這些國家的勞工來台工作的人數減少了，從事的也不是基礎工程的工作，而是家庭看護的工作。這意味著，對外國勞工來說，台灣當前的環境只適合從事技術價值最低、且最容易被取代的工作。除了反映出台灣人口結構年齡老化的現實，也點出了殘酷的困境：與他們的母國相比，台灣沒有財富。

面對後者，政府與民間都無能爲力。台灣的生育率，甚至比實施一胎化的中國更低。

企業：突破觀念限制找出路，墨守成規只有退出

除了政府的挑戰，對企業來說，現實更加嚴峻。台灣的經濟一向仰賴貿易，所以歐美景氣的好壞，對台灣經濟的影響至為重大。如今，歐美社會都已進入「去槓桿」的大債時代，在終端需求減弱的情勢下，過去「台灣接單、中國組裝、外銷歐美」的貿易模式，將在環印度洋周邊國家崛起的背景下，面臨前所未有的挑戰。例如，當中國已經不想拼裝，以後台灣接的單又該找誰拼裝？

其次，即便找到了新的拼裝國家（如東南亞），但是在歐美沒有強烈需求的背景下，這些拼裝好了的成品又要賣到哪裡去？答案有可能是中國，但雞蛋不能放在同一個籃子裡，既然中國經濟正在轉型，萬一哪天中國的需求下滑，或是兩岸因政治問題而在經貿上再度出現困頓，企業又要前進哪個市場，去彌補中國需求下滑的損失？到目前為止，這個問題也是沒有答案。

這就是台灣企業未來可能面臨的困境。過去我們只在乎歐美國家和中國市場的需求，但是對於人口更多、市場更龐大的其他開發中國家，我們的耕耘卻少得可憐。不僅如此，台灣在人才養成的訓練上，對非英語系國家、拉丁美洲、非洲與伊斯蘭文化的關注更是少之又少，而偏偏在環印度洋地區，伊斯蘭經濟是不容

忽視的一股強大勢力。上自政府企業，下至民間百姓，台灣都還沒做好因應世局變化的準備。

再從能源安全的角度來看，台灣和日本一樣，完全是個仰賴能源進口的市場，而偏偏當前全球最激烈的能源運輸路線爭奪又在印度洋上演。萬一哪一天，眾強權爲了彼此的能源安全，在印度洋展開封鎖，或是能源運輸路線安全面臨威脅時，台灣又有什麼準備？有沒有一套可以搭配產業轉型、並且永續發展的能源政策？

由此可見，環印度洋的崛起對台灣來說不只是一個現象，而是攸關國家命脈如何延續的重大戰略選擇。光是前述提到的領域，就已經涉及經濟部、財政部、教育部、文化部、外交部、國防部，甚至勞工局……換句話說，已經涉及國安層次，必須要由總統府出面，以國家發展戰略的高度與格局，去因應這一切的變化。這是台灣在面對環印度洋國家崛起過程中最大的挑戰，要克服這樣的挑戰，政府的責任遠比企業與民間更大，因爲只有政府可以更改政策與法規，也只有政府的支持，企業與人民的努力才有所依循。

現在就是起身行動的時候。與歐美各國相比，環印度洋離台灣比較近，無論是東協各國、中國、還是南亞印度，都是從台灣飛行六小時就能抵達的地方，要讓台灣經濟順利轉型，環印度洋將是另一扇機會之窗。即使在國際舞台上，台灣從來就不是「下棋」者，但是當周圍大國都已經擺好棋譜、躍躍欲試之時，台灣身為深受影響的國度，必然要知道各強國對環印度洋的企圖，並從中找到台灣企業與人才最能發揮的機會，進而順利帶動台灣進行產業轉型，維持勞動競爭的優勢。

環印度洋崛起，是台灣最大的挑戰，也是台灣最大的機會！

第二章 風雲

八方人馬聚焦環印度洋

對地緣財富的追逐，
永遠是國家最優先的利益。

日本首相安倍晉三（左）再次上任後，首度出訪即選擇東南亞的越南、泰國及印尼。首站造訪越南（右爲越南總理阮晉勇）。

日本對東南亞的經營甚深，2011年在東南亞的投資金額高達1.5兆日圓，已取代中國成為東協地區最大的金主。

在世界尚未建立成統一的統治機制之前，國際政治永遠都是冷峻、現實與殘酷的。現實與殘酷不是因爲充滿鬥爭和打殺，而是因爲國家能量的不同，必然會導致國家利益的不同，也因此在追逐國家的核心利益之時，具備不同能量的國家所使出的手段也不一樣。國與國之間的合作、背叛、威脅、出賣或妥協，就是依循不同的目標與手段而來。

這種種手段雖然會因地緣因素而異，然而有一個特色，就是「國家利益」這個概念絕非一成不變。這不是因爲國家本身善變，而是因爲隨著時空的變化，不同國家對「利益」的感受與想法也會不同。既然利益本身會變化，就代表著利益可以塑造；就好比人在成長過程中，隨著年齡、財富、工作與家庭環境的改變，會不斷調整生涯的規畫與優先順序。不過，**在國家的層次上，除了利益，更有原則**。利益可以塑造、切割、折衝、甚至妥協，但原則相反，原則不可挑戰、不可扭曲、不可折衝，更不可妥協。因爲一旦對原則妥協，他國就不會尊重你的利益。

舉例來說，美國白宮最常掛在嘴上的一句話，就是「美國不與恐怖份子妥協」。身爲堂堂大國，哪有對恐怖份子妥協的道理？如果今天恐怖份子綁架了幾個美國人，美國政府就任其要求改變對某些團體的政策，萬一哪天恐怖份子再威脅要炸燬美國境內的大樓，豈不是又得任其要脅？這樣下去可沒完沒了。所以美國的「原則」是，恐怖份子如果要公開討價還價，絕不會有便宜可占，但如果恐怖份子願意放下武器，美國還有與之周旋的空間。

其實不只是對抗恐怖份子時如此，在處理北韓的核武問題上，包含美國在內的所有大國幾乎都有類似的處理模式。每當北韓開始叫陣，美國和日本的態度就愈趨強硬，但是在北韓叫囂完畢後，與北韓之間私底下鴨子滑水的動作卻是不斷，有時候甚至讓南韓擔心，美國是否會繞過南韓，逕自與北韓達成協議。原則與利益的關連，巧妙之處就在此。

從這些例子可以看出，利益永遠可以有所妥協，但原則無法改變，畢竟原則的背後牽涉到國家的道德。在國際事務上，不管發生什麼事，國家的根本原則是無論如何也不能撼動的，因爲一旦動搖了，就代表這個國家的利益也是可以被對方忽略、甚至改變的。爲了避免這種沒完沒了的噩夢蔓延，不可撼動的根本原則就叫做「核心利益」。核心利益是絕對不可退讓、神聖不可侵犯的。

每個國家的核心利益，絕大部分取決於該國的地緣位置，也都涉及國家的安全與生存。例如對美國來說，由於地處兩大洋之間，所以「確保太平洋與大西洋兩岸，不致出現一個與美國爲敵的國家或集團」，就是美國的核心利益。對中國來說，因爲身處東亞，而且周遭有著多達十幾個鄰國，所以「打造睦鄰環境，確保國家領土與主權的安全與完整」，就是中國不可侵犯的核心利益。對德國來說，因爲身處歐洲的中央，爲了避免歐洲各國對德國形成戰略包圍，所以「確保德國與歐洲各國的利益彼此融合」，就是德國的核心利益。

從這些利益的內容就可知道，核心利益對國家的安全與發展，往往具有決定性的影響。通常各國對於核心利益的界定，比較不容易有所改變，但在核心利益之外，每個國家還有其他利益，只不過這些其他利益對國家沒有明顯而立即的威迫，其內涵是可以塑造的。若以重要性來排序，這些利益還可分爲重大利益、主要利益與周邊利益等。

由此反映出一個事實，就是無論國家追求利益的手段爲何，只要不是攸關核心利益，所有的邊際利益在一定的折衝與談判下，都是可以「喬」的。

依循著這樣的邏輯，我們就可以對金融海嘯後各國利益的變化，理出更清晰的輪廓。特別的是，一些國家因爲經濟實力的變化，在國家利益的判定上已經出現微幅的調整，而追逐利益的手段也跟著改變了。

對政經實力下滑的歐美國家來說，如果要在金磚四國崛起的背景下，繼續取得全球議題的主導優勢，光靠既有的七大工業國集團（G7）是不夠的。至於對金磚四國來說，如果要與歐美大國在全球政治與經貿的遊戲規則上平起平坐，缺了其他開發中國家的支持，自己也難形成一股氣候。於是，在歐美大國與金磚四國共同競逐全球主導權的當下，兼具人口、資源、貿易與政治關鍵的環印度洋地區，就成了各國追逐國家利益的主要舞台。特別是最近這兩年，在這個地區所發生的所有事情，在在刻畫了新舊強權對這個地區權力與資源爭奪的痕跡。

最明顯的例子就是美國。美國是當今世上最強大的國家，這個國家的利益，與世界上所有角落有著千絲萬縷的關係。

1美國在中東收手，戰略重心東移

想要衡量美國的國家利益在哪，其實有一個最具體而明顯的指標，就是看美國的駐軍範圍。雖然一個國家的實力可以從很多面向去衡量，但是至少在軍事力量上，美國仍是當今最強大的國家。別的國家在追逐利益時，還得費盡心思考量經濟、外交與政治等手段的不同，但是對美國來說，「利益在哪哩，美軍就在哪裡」，這反而是界定美國利益範圍最省事的手段。

比較金融海嘯前後，美軍的駐紮範圍，可以看出美國對國家利益的認知已經出現了變化。最明顯的差異就是，在金融海嘯之前，美國在阿富汗和伊拉克仍有駐軍，但是在金融海嘯之後，歐巴馬政府卻計畫逐步撤出在這兩地的駐軍，以因應美國的新挑戰。這個新挑戰從何而來？依美國自己的說法，挑戰來自亞洲。這個來自亞洲的挑戰到底所指爲何？即使美國不明說，答案也很明顯：中國。

中國是美國未來在亞洲利益上最大的挑戰。不過，與一般人認知不同的是，無論對美國還是對中國來說，以現階段的態勢，若把對方當作敵人，將會犯下戰略上重大的錯誤。所以儘管我們常在媒體上看到美國和中國為了各種議題出現爭端或口角，但再大的衝突，經過一番交鋒之後，雙方總能相安無事。

過去三十幾年來，中、美兩國的關係就維持在這樣既競爭又合作的格局，用共產黨的術語來講，就是「鬥而不破」。既然是鬥而不破，所以一路走來，外行人只能看熱鬧（鬥），內行人卻會看門道（不破）。從以下的事實，就可以輕易理解內行人與外行人在看待同一起事件時，所出現的不同見解：美國的戰略東移。

從地緣的角度來看，美國如果要因應中國的挑戰，最直接的做法就是駐軍包圍。過去兩年來，美國不但減少了在歐洲的駐軍，更撤回在伊拉克和阿富汗的軍隊，然而卻在亞洲投入更多的軍事資源。先是二〇一一年與東協各國一同召開安全會議，宣稱美國在南中國海的問題上與東協站在同一陣線（注：「南中國海」和「南海」是一樣的概念。南中國海是國際上的通稱，即South China Sea，中國人自己則慣稱南海）。爾後在北韓擊沉南韓潛艦與炮擊延平島的事件上，美國不但與南韓一起在中國的前院——黃海舉行軍事演習，也選擇義無反顧的支援南韓，甚至刻意派出二十名觀察員到北韓正在炮擊的延平島上觀察，製造「萬一有美國公民遭北韓的炮擊殺害，美國就有藉口出兵北韓」的條件。另外，美國在二〇一一年也與越南召開雙邊安全合作會議，在南中國海的議題上與越南站在同一陣線。二〇一二年一月，美國也與菲律賓展開談判，希望重返蘇比克灣（美軍在一九九四年撤出該地）。此外，美國也增加了在關島和澳洲的駐軍。這一切的動作，看在中國眼裡相當不是滋味，所以在二〇一二年中、日的釣魚台島爭端，以及中、菲的黃岩島爭端上，中國被迫採取了強硬態度，逼得美方只好宣稱，在亞洲的主權議題上，美國不會選邊站（圖2-1）。

至於在南亞，美國和印度的關係可謂親密異常。從小布希政府時代以來，美國和印度就已經發展出戰略夥伴關係。到了歐巴馬時代，美、印兩國的這層關係更形緊密，美國不但提供核能技術給印度，對印度的經濟援助與合作也持續擴大。在政治上，美國大動作的支持印度進入聯合國安理會擔任常任理事國，甚至讓同樣想爭取「入常」的巴西感覺頗不是滋味。更有趣的是，同樣是發射飛彈，二〇一二年四月北韓的動作換來了美國嚴厲的譴責，但是印度在同一時間所進行的動作（而且還是洲際飛彈），美國反而沉默了。

多數的媒體其實也是用這樣的視角去解讀美國在亞洲的動作。這些動作都有強烈的指涉意味，因爲有指涉，就有衝突，有衝突，就可以加油添醋。外行人對

圖 2-1 美軍在東亞的部署

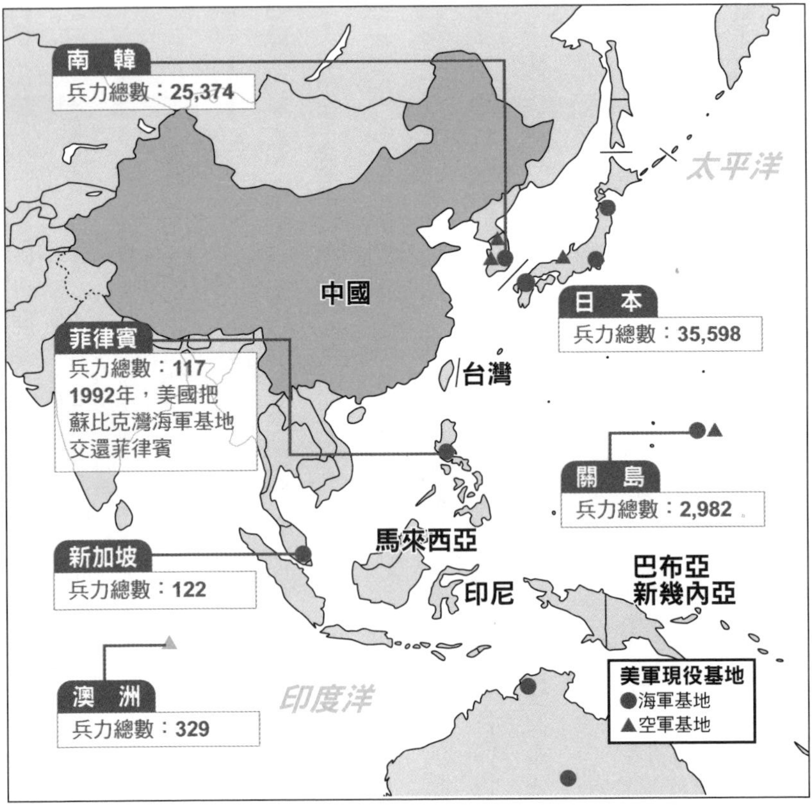

於這些事件的解讀多半都是看熱鬧的心態，且認爲這兩個大國遲早會發生衝突。

中、美兩國鬥而不破的藝術

也許有人會問，中國目前並沒有挑戰美國的實力，爲什麼美國要大費周章地從伊拉克和阿富汗撤軍，並在亞洲處處煽風點火？美國是在給自己創造一個新敵人嗎？未必如此。因爲從美國的角度考量，即便中國目前的實力還無法與美國相比，但是至少在亞洲，基於地緣與經濟的優勢，中國已具備挑戰美國的能量。對美國來說，「測試中國在亞洲的利益範圍與忍耐程度」，就成了美國日後在亞洲到底該如何與中國互動的依據。

所以，我們不能只是直率地認爲，美國在亞洲擴大駐軍，目的是爲了圍堵中國。雖然從中國的角度來看，美國這種軍事包圍的動作的確是圍堵，甚至還帶有敵意，但是在美國尚未正式把中國設定成敵人之前，美國在亞洲所有的駐軍與經濟動作，都只能以「測試中國的底線」去解釋；既然是測試底線，就代表「我不怕你，但也不會跟你玩眞的」。

儘管中國非常不滿美國這些動作，卻對美國表示，希望美國這些動作的目的是爲了維持亞洲的穩定。美國當然也不願說破，只表明即使在亞洲增加駐軍或進行軍事演習，也歡迎中國以觀察員的身分共同參與。

既然美國可以在中國的前庭煽風點火，中國當然也可以在美國的後院各個擊破。除了南美洲，中國現在也正積極經營加勒比海，除了利用經濟手段與加勒比海各國建立緊密的經貿與政治合作，更計畫在金融議題上與這些國家合作，其涉入範圍之深，已讓美國媒體與政府部門展開強烈關注。

從美國的立場來看，這種情況是可忍，孰不可忍，但美國也沒有因此對中國的動作加以斥責，頂多只是在中國對拉丁美洲的耕耘有成之後，自己也擴大了對拉美國家的援助。從這個例子可以看出，兩國的心思是一致的：既然你沒跟我撕破臉，我又何必對你掀桌子？這就是鬥而不破的藝術。

把話說破，就不美了。從中、美兩國在亞洲與中南美洲的競爭與合作，可以發現高手過招，貴在意會，無須多言。這也是外行人與內行人在看待中美過招時最大的觀點差異。

2 防堵伊朗勢力，美國改變中東棋局

依循美國的利益主張，讓我們把目光焦點從東南亞轉移到中東。在二〇一一年的茉莉花革命之後，中東地區的情勢出現了結構性的改變：當地民眾對政府要求更多的民主，反而迫使美國重新思考維繫在中東利益的手段。

二〇一一年中東地區所發生的「阿拉伯之春」，表面上是當地民眾爲了抗議政府獨裁而掀起的民主化運動，然而事實上，高通膨與高失業率才是「阿拉伯之春」眞正誘發的原因。

中東地區長期存在著高通膨與高失業的問題，是其來有自的。特別是對產油大國來說，石油出口是賺取國家財富最直接的手段，但眞正能從中受益的都是王室、菁英、企業主，以及特權份子。這當中的關鍵就在於跨國企業與當地獨裁政權的勾結體制。

爲什麼中東地區特別容易出現獨裁政體？現代史上伊斯蘭勢力被歐美主宰是

遠因，但放任資本主義所衍生出的「企業利益極大化」原則，才是當地政府愈加獨裁的關鍵。對企業來說，獨裁政權是獲利極大化的最佳溫床，因爲在獨裁政權之下，企業只要搞好政經關係，維繫住少數人的利益就行了；反之，如果是與民主政府打交道，企業的利益反而得受到當地國會與民意的監督，增加擴張與營運上的不確定性。

這就是美國在中東地區扶植獨裁政體的原因。獨裁政體的存在不但符合美國企業在當地的利益，更可以維繫美國在當地的戰略優勢：一來讓美國得以在當地牽制蘇聯勢力的入侵，二來可藉此掌握全球經濟發展最重要的關鍵資源。特別是八〇年代美國的雷根與英國的柴契爾夫人上台之後，西方的右派運動獲得捲土重來的契機，對這些在意識型態上右傾的掌權者來說，政治菁英與企業主的利益是一致的。加上當時是冷戰對峙的格局，美國爲了防堵伊朗革命讓蘇聯勢力進入中東，必須增強對中東地區的掌控力道，而控制中東的方式，就是透過金錢與軍事手段，維繫美國企業與中東王室在當地的利益。至於一般民眾的想法和感受，反而不重要了。

在歐美企業與當地菁英獨攬國家資源的背景下，導致中東各國長期以來存在著嚴重的貧富不均、貪腐與高失業率問題，跨國企業與政府菁英形成利益共生體，雖然菁英賺的財富愈來愈多，百姓的生活卻愈來愈苦，於是民間對政府的內政與外交，就會累積出不滿的情緒。金融海嘯發生之後，歐美各國祭出超低利率政策，使得全球的商品原物料價格飆漲，通膨加劇了中東地區貧富不均與高失業率的問題，所有的動盪與暴亂（阿拉伯之春）也因此產生。

遏制伊朗勢力，掀起中東自主

由此可以看出，美國爲什麼在阿拉伯之春後，必須花更大的精神去解決伊朗問題。因爲埃及、利比亞、突尼西亞等這些北非的親美政權已經一個個垮台了，而現在美國最不希望看到的，就是連西亞地區的伊斯蘭國家也出現類似的革命。當北非的伊斯蘭國家想要奪回在外交與經貿政策上的主導權，美國在中東最大的利益，就是維繫目前在阿拉伯半島與西亞的政經優勢。

環顧整個中東地區，就屬伊朗最具備反美的能量。北非國家因茉莉花革命而出現政權更替，政府嘗試奪回外交與經貿議題的主導權，但這並不意味著反商，更不意味著反美。至於伊朗就不同了，自從一九七九年推翻親美的巴勒維政府之後，由什葉派主導的伊朗不但有濃厚的反美意識，更被視爲抗衡伊斯蘭遜尼派勢力的大本營。在伊朗之外，美軍撤出後的伊拉克，雖然是由遜尼派總統掌權，但為了維持各方勢力的平衡，總理必須由什葉派人士擔任。阿拉伯世界所謂的「兩伊」，實力的天秤已經朝什葉派的伊朗傾斜。

不僅如此，什葉派的勢力已經跨越兩伊國境，正式蔓延到兩伊之外的中東版圖上。例如巴勒斯坦北方的大國敘利亞，在政治上就是伊朗的盟國，而位於敘利亞南方的黎巴嫩，其南部的版圖目前是由親什葉派的眞主黨所掌控。至於在充滿衝突的巴勒斯坦，目前取得主宰地位、並且從恐怖組織轉型為民主集團的哈瑪斯，也有親什葉派的背景。由此可見，扣除整個阿拉伯半島，目前中東阿拉伯世界可說是什葉派的天下，美國對這樣的情勢自然感到不安，更不用說被什葉派勢力包圍的以色列。這就是為什麼以色列處心積慮想拖美國下水，甚至用軍事手段解決伊朗問題。目前的伊朗政權對以色列相當不友善，而且伊朗主張擁有獨立的核子政策，所以對美國和以色列來說，無論是基於安全還是政治的理由，伊朗問題的解決與否，攸關美國在中東利益的延續。

從這個角度來看，二〇一一年開始爆發的敘利亞衝突與伊朗衝突，反映的其實是同一件事：美國該如何處理伊朗問題，以維繫自己在中東的利益。

美國如何處理伊朗問題，也攸關全球主要經濟體的關鍵利益，因為伊朗所控制的荷姆茲海峽，是波斯灣唯一的出海口，而世界主要的能源運輸，就是從波斯灣途經荷姆茲海峽，再途經阿拉伯海和印度洋，前往世界的其他地區。對亞洲的石油需求大國，如中國、印度、日本、甚至韓國來說，倘若中東地區因爲伊朗發生戰端，使得石油運輸路線出現停擺，或是石油產量下滑，將有可能引發全球經濟問題，甚至造成動盪。所以美國已經在伊朗的四面八方築好軍事防禦圈（圖2-2），只要政府一聲令下，憑美國的軍事力量可以隨時對伊朗進行壓制，

圖 2-2 美國對伊朗構成戰略包圍

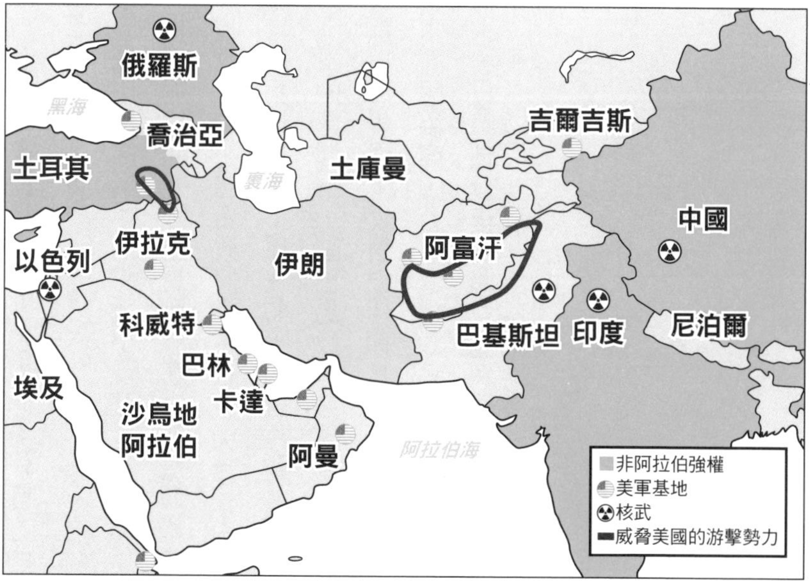

但伊朗也因爲有這樣的包圍圈，加劇了自身的不安而積極拓展勢力。美伊雙方的「安全困境」，正是當前中東上空始終充斥戰爭陰霾的主因。

由此可見，各主要大國的利益，已經在印度洋與伊朗附近出現交會，要如何創造一個穩定的中東，將仰賴各大國的折衝與協商。歐巴馬政府在處理這類議題上，與過去小布希政府有相當大的不同。當年的小布希政府爲了維繫美國在中東的利益，可以不理會聯合國的決議便逕自出兵伊拉克；現在的美國雖然還是可以這樣做，但在經濟疲弱與國家政治實力下滑的影響下，歐巴馬政府必須藉助更多的槓桿才能達成類似的效果。所以儘管歐巴馬表面上反對向伊朗挑起戰爭，卻也持續與沙烏地阿拉伯、中國、印度和日本等國協商，希望透過沙烏地阿拉伯增加石油產出的方式，滿足中國和印度的需求，以降低日後美國在處理伊朗議題上所要面對的阻礙。

3 中南半島與南海的中美競合大戲

由上可知，美國在中東和東南亞的利益鞏固，已經正式浮上檯面，而既然美國戰略東移的重心是在對付中國，那麼我們也要來看看中國。隨著中國勢力的增強，美國在亞洲的利益已經與中國產生某種程度的衝撞。不過，由於雙方目前在亞洲的利益仍不斷變動中，兩國必須經常對彼此進行底線的試探，而試探的重點，主要還是集中在東南亞各國，特別是有關南海的議題上。

在南海的海面上，星羅棋布了許多島嶼，這些島嶼沒有明顯的開發價值，漲潮時甚至有部分會被海水淹沒，但這些島嶼之所以會成爲中國和東南亞國家（包含台灣）主權爭端的焦點，除了因爲海洋領土範圍重疊之外，更因爲這個海域蘊藏著豐富的石油與天然氣資源，以及南海在能源運輸路線上對中國具有極大重要性，這種種背景使得南海的主權紛爭更增添了軍事與經濟競爭的色彩，繼而強化了紛爭的複雜性（圖2-3）。

圖 2-3 南海主權爭議的相關國家

一九七四年，中國和越南曾為了西沙群島的主權打了一場海戰。不過隨著鄧小平上台，中國停止對外輸出革命，並且積極發展經濟，自此南海的主權議題淡出了國際舞台。到了九〇年代，隨著蘇聯的垮台與中國必須「韜光養晦」的發展策略，相關各國在南海的主權議題上也懂得收斂。即使在一九九四年，中國和菲律賓為了一塊珊瑚礁島嶼發生了小規模的武裝衝突，但在中國積極推動「擱置爭議，共同開發」的策略下，整個九〇年代，中國和東協各國幾乎沒有再啓爭端，而且彼此的關係也飛快進展。例如新加坡於一九九二年與中國建交，其後亞洲金融風暴的發生，更讓東協各國和中國的關係靠近。所謂的「東協中國10+1」或東協、中國、日本、韓國的10+3對話機制，也是在中國積極的斡旋之下產生的。可見除了經濟上的合作之外，主權爭議的擱置，是當年中國得以取代美國，成為東南亞主要力量的關鍵。

南海的主權對峙明顯增加

不過，在金融海嘯之後，隨著中國經濟實力的持續提升，中國對南海的主權議題，有了比過去更大的自信，因此才會在二〇一〇年，主動宣稱南海的主權攸關中國的「核心利益」。中國的這一主張，立刻觸動了東南亞各國的敏感神經，再加上美國本來就計畫把戰略重心轉移到亞洲，所以這一主張反而給美國順水推舟的機會。美國不但聲稱南中國海的自由航行權攸關美國利益，而且在南中國海的主權議題上，也會與東南亞各國站在同一陣線。美國在南中國海的主權議題上拉攏東南亞國家，不但有利打造重返亞洲的舞台，更可藉此壓縮中國擴張的勢力。

於是，從二〇一一年起，原本擱置的南海主權議題，在中、美試探對方底線的情況下，衝突與碰撞愈形激烈。先是中國聲稱南海攸關中國的核心利益，接著美國放話要捍衛南中國海公海部分的自由航行權，而中國也不甘示弱地回應，呼籲美國不該介入南海的主權議題。在雙方你來我往的叫陣同時，檯面下的動作也持續進行著：越南和美國在二〇一〇年舉行史上首次的聯合軍演；越南與菲律賓在南海的部分島嶼上互派駐軍；越南還刻意邀請俄羅斯共同開發南海的油氣田；至於菲律賓，不但在一年內接收了兩艘美國的巡防艦，更與中國的漁政船在南海的黃岩島發生對峙。

不過，中國的回應方式，讓中、美開始摸索在亞洲對話的新模式。表面上看來，南海的情勢似乎是「中國vs.美國＋東協」，不過對東協各國來說，穩定的中、美關係才符合東協最大的利益。這一點共識，早已經落實在東協各國和美國的部長會議及領導人會議的宣言中，所以如果任何一個東協國家想在中、美兩強之間選邊站，反而會陷入作繭自縛的困境。

以中國和菲律賓在黃岩島的對峙爲例。當時中方只是派出海監船與漁政船，前往黃岩島附近巡視，在國際場合上卻對此議題低調處理。然而菲律賓的作爲完全相反，它不斷在各種場合釋放訊息，除了主張把黃岩島的主權歸屬交付國際仲裁，更在國內官方與媒體的主導下釋放反華的言論與情緒。總部設在紐約的菲律賓僑民組織「菲美良政」，更呼籲世界各地的僑民串連，在二〇一二年五月十一日於各國的中國大使館前舉行抗議活動。這一連串高調的舉止當然會刺激中方。若這種一來一回的爭端只存在於雙方之間，事情還算好解決，但菲律賓計畫把美國也拉下水，問題就比較嚴重了。

由於菲律賓的實力不如中國，把美國拖下水似乎是對抗中國最好的選擇。但是對中國來說，菲律賓把美國拖下水，不但使南海問題複雜化，也使得中菲之間的領土紛爭擴大爲中、美之間在亞洲的戰略衝突。中方若是在這種情勢下退讓，不但會讓國際社會認爲中國拿菲律賓沒辦法，更會讓世人認爲中方的退讓是屈從於美國的壓力。可想而知，這種同時動搖主權原則與國家利益的情況，是中方絕不能接受的，所以自從二〇一二年四月中菲雙方在黃岩島發生對峙，一個月之後，中方的態度在五月突然轉趨強硬。

在這起事件中，菲律賓嚴重誤判了情勢。第一，菲律賓誤判了中國在和平崛起過程不敢在主權議題上動刀動槍的原則；第二，菲律賓誤判了美國在南中國海議題上必然會挺東協的立場。正如本章開頭提到的，中、美之間的競爭並非你死我活的零合遊戲，尤其在亞洲地區，「利益平衡」才符合雙方最大的利益，而破壞利益平衡不但會使中、美進入戰略衝突，更會迫使周邊國家陷入選邊站的困境。

所以，在中國國防部長梁光烈與菲律賓國防部長蓋茲敏（Voltaire Gazmin）相繼訪美後，菲律賓的戰略錯誤引起了美國的警覺，促使國務卿希拉蕊公開表明美國在南中國海議題上不會選邊站，並堅持雙方應藉由外交途徑解決爭端。此外，隨著黃岩島對峙事件愈演愈烈，即使也有其他東協國家與中國在南海上有主權爭議，但是它們對於菲律賓高調與拉攏美國選邊站的動作，並沒有給予支持。美國智庫更發表報告宣稱，菲律賓總統阿基諾三世在南中國海問題上的強硬立場，惹怒了東盟內一些希望與中國保持良好關係的鄰國。

維繫中美戰略平衡，符合東南亞各國利益

這起事件到最後，輸家已經確定是菲律賓了。因爲菲律賓沒有看清中、美雙方在亞洲最大的利益（利益平衡），這兩國不會爲了小國的利益而彼此對撞。這種戰略上的誤判，是菲律賓往後要付出嚴重代價的原因，而這個例子也印證了在大國競合的過程中，小國永遠只是棋子的道理。

誤判大國之間要維持戰略利益平衡的選擇，會使小國付出嚴重的代價，但相反的，如果能看清大國的戰略利益，並且從中替自己取得最佳的槓桿位置，反而是小國起死回生的關鍵。這種情況就發生在中南半島。特別是二〇一二年被美國和歐洲國家解除經濟制裁的緬甸（表2-1）。

其實，在西方國家對緬甸解除經濟制裁之前，中國對緬甸的投資占了緬甸所有外國投資的三分之二，加上緬甸的戰略位置特殊，中國早就運用各種官方與民間管道，大力經營緬甸的基礎建設與商品開發。中、緬兩國除了密切的軍事合作，也鑿通了中國雲南省與緬甸之間的地峽，一方面讓緬甸的商品物資得以直接從陸路進入中國的市場，另一方面也可以免除中國對麻六甲海峽的經濟依賴，而這種如膠似漆的合作模式，看在西方國家眼裡相當不是滋味。這次緬甸軍政府釋

表2-1 緬甸小檔案	
人口	約6,000萬人，68%為緬族
國土面積	約67萬8千平方公里
國內生產毛額	估計764.7億美元（全球排名80）
人均所得	估計1,400美元（全球排名202）
經濟成長率	5.3%
天然資源	石油、天然氣、木材、錫、鋅、銅、玉等
匯率	官方匯率約1美元兌6.4緬幣，但民間多採用黑市匯價，約1美元兌800緬幣
注：人口、GDP、人均所得、通膨率皆為2010年資料；其中GDP和人均所得非官方資料。	
資料來源：綜合外電	

放翁山蘇姬，並且讓翁山蘇姬進入國會，解開了西方國家和日本對緬甸經濟制裁的枷鎖，但即便如此，緬甸對中國還是相當友善，畢竟，對一個一窮二白、舉國殘破的國家來說，這時候在中國和西方之間選邊站，是最不明智的舉動。

越南的情況也很類似。這個國家在一九七四年曾與中國爲了爭奪西沙群島打了一仗，敗仗的事實讓中國直接統治了西沙群島。越南始終沒有放下對中國的戒心，不但在南海議題上幾乎與美國站在一起，也主張透過國際的力量對中國施加壓力。然而與菲律賓不同的是，越南深知自己無法在中、美兩強之間選邊站，而且與其他東協國家一樣，越南和中國也有著相當密切的經濟合作，所以在南海的主權議題上，越南對待中國的方式是「鬥而不破」，一方面積極與美、俄、日等國合作，強化海軍力量，防止中國海軍奪回南沙群島，二方面也在經濟與政治方面與中國進行協商，增加雙方對話的默契。可見，與菲律賓明知中國底線在哪卻還要硬踩的魯莽動作相比，越南相對比較「聰明」。

這說明了一個顯而易見但又殘酷的事實：小國既然只是大國爭鋒之下的一顆棋子，就不應以爲自己擁有主宰大國意志的能量。無論是南海的主權議題，還是中南半島各國在中、美兩強之間的生存戰略，都反映出在大國博奕的過程中，小國在權力翹翹板上的最佳生存方式是「保持翹翹板的平衡」，而不是讓翹翹板往某一邊傾斜。

這也是環印度洋國家未來在經濟發展與金融投資上，會是全球熱點的主因，因爲全世界都知道，儘管當前中、美兩強在爭鋒，但並非你死我活的競爭，而是一種在摩擦與碰撞中，仍有可能創造雙贏且全新的共生模式。儘管這種模式在歷史上未曾出現，人類也沒有處理過類似格局的經驗，但至少在中、美雙方原則上要維持合作的共識下，小國沒有選邊站的道理。於是，無論是東協的海上國家、陸上國家，還是中亞的內陸國家或東非的海岸國家，都可以在大國爭鋒之際，享受漁翁得利的最大優惠。

看過中國和美國在東南亞的爭鋒，再把視野往西邊稍稍移動，正式把焦點從西太平洋和印度洋的交界處（即南海），轉移到廣大無垠的印度洋上。在這裡，一個新登場的大國已正式加入中美爭鋒的博奕，而且與南海不同的是，這個大國的加入不但沒有讓中美爭鋒的格局演變成二加一的對抗，反而使環印度洋國家在經濟發展的態勢上，出現了「一加一大於二」的效益。這一切，要從大國在環印度洋上的「珍珠鏈戰略」說起。

4 印度洋上的「珍珠鏈戰略」攻防

如果不是蘊藏豐富的石油與天然氣，以及位處東亞各國的能源運輸要道，南海幾乎不會成爲東南亞各國與中國紛爭的焦點。從中國的角度考量，南海的主權之所以必須堅守，除了國家主權向來不容妥協的原則外，完整克服「麻六甲困境」對中國能源安全的限制，更是堅守南海主權的關鍵。

要解釋這個道理，必須對照環印度洋的地圖來看。中東是全球主要的石油出口地區，經由周邊五個重要的海峽和運河，石油資源才得以出口至全世界。然而，在這五個重要的海峽和運河中，由於目前亞洲對石油資源的重度依賴，由伊朗所控制的荷姆茲海峽，承擔了最龐大的石油運輸量。根據統計，目前每天經過荷姆茲海峽的石油高達一千七百萬桶。過了荷姆茲海峽後，出口到亞洲的石油在廣大的印度洋上航行，再穿越位於印尼和新加坡交界的麻六甲海峽之後，才進入南海。接著，這些石油還要再穿越台灣海峽，才能運抵中國的上海、日本的九州，以及韓國的釜山。換句話說，東亞最大的三個經濟體，其能源運輸路線的安全都仰賴麻六甲海峽、南海、甚至台灣海峽的穩定（圖2-4）。

由此可知，爲什麼中國在宣稱台灣海峽和南海是主權範圍之餘，還要積極尋求麻六甲困境的突破，因爲如果無法突破由美軍所控制的麻六甲海峽，即使控制了南海和台灣海峽，中國的經濟發展依然得仰賴美國的政治與軍事意願。當然，這個

圖 2-4 東亞三國倚賴的能源運輸路線

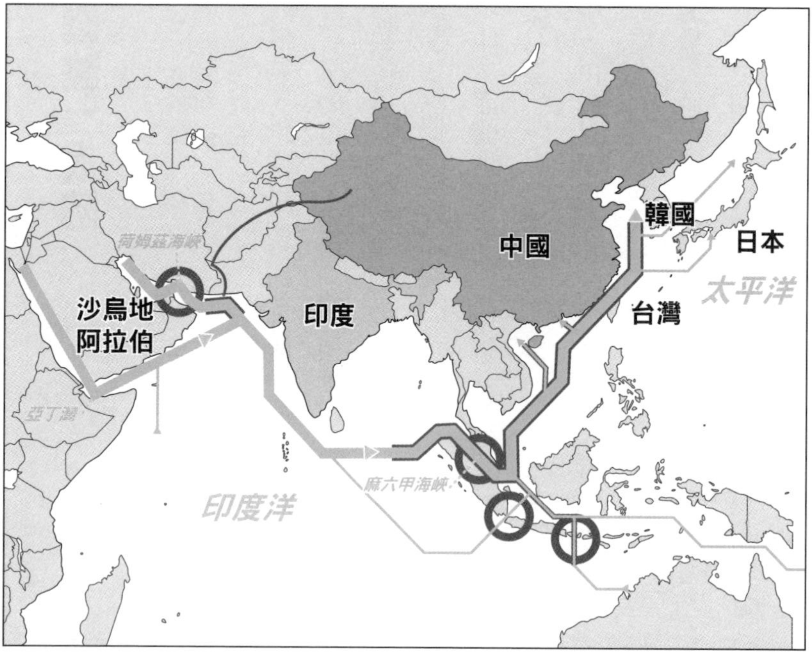

道理對日本和韓國來說也是一樣，唯一的差別只在於，日本和韓國是美國的盟國，美軍控制麻六甲海峽，對日、韓兩國並不構成「安全困境」。了解國際能源運輸路線在環印度洋地緣上的特性，再來觀察「珍珠鏈戰略」（String of Pearls），就會比較容易且清楚了。

「珍珠鏈戰略」

是由美國學者珀爾森（Christopher J. Pehrson）所主張的國際地緣戰略博奕，但中國卻加以否認。

圖 2-5 印度洋上的珍珠鏈

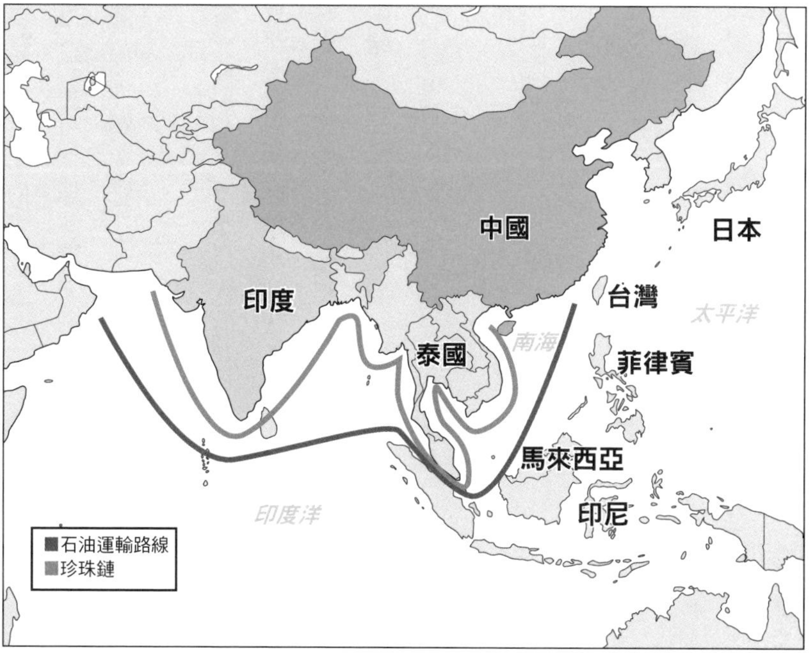

其實這個主張早在二〇〇五年就已經提出，但直到二〇〇八年金融海嘯之後，才在西方媒體和印度的渲染下受到世人的矚目。要解釋中國和印度這兩國在印度洋上的珍珠鏈戰略，得先了解國際能源運輸路線在地緣、特別是環印度洋上的特點。

從荷姆茲海峽到南海之間，有一條形似英文字母W的路線：如果用一條線勾勒出這樣的地理特性，可以看出W左邊的底部就是印度次大陸的最南端，W右邊的底部則是麻六甲海峽；而在這個W字母所畫出的範圍，就是亞洲國家能源運輸的主要路線。如果要維繫能源運輸路線的安全，必然要在這個W字母的周邊安插自己的勢力，才能夠突破麻六甲困境（圖2-5）。

珍珠鏈戰略的起點，就是麻六甲困境

這個W所構成的路線，放在印度洋上看過去，就好似一串掛在印度和中南半島上的珍珠鏈，而中國拉攏環印度洋周邊各國的動作，就好像要在這個W的路線上，形成對印度的包圍圈。「珍珠鏈戰略」這個詞，就是源自這樣的地理特性。敏感的觀察家認爲，珍珠鏈戰略是中國在環印度洋上所採取的一連串地緣政治、能源安全與貿易戰略的組合，其目的雖是爲了能源安全，但在某種層次上，也會對他國構成地緣威脅。於是，在中國推行珍珠鏈戰略的同時，印度所做的，就是在環印度洋上對中國實施所謂的「反珍珠鏈戰略」。反珍珠鏈戰略的做法，就是在這串鏈子上多加幾顆屬於自己的珍珠，以求降低對方珍珠對自己的影響。

觀察中國、美國和印度等大國在環印度洋上的權力分布，就可以看出珍珠鏈戰略更清楚的輪廓。

循著全球能源的運輸路線，可以看到中國在印度洋上突破麻六甲困境的方式，就是大力經營自己與東南亞國協及南亞諸國的關係。先以移民的數量來看，中國在菲律賓與越南各有八十萬移民，在印尼有七百二十萬，新加坡有二百萬，馬來西亞有五百二十萬，泰國有五百八十萬，緬甸一百五十萬，華人在這些地區有著非常巨大的財富影響力。另外，從中國和當地政府的合作狀況來看，除了東南亞國家，中國在印度東方的孟加拉、西方的巴基斯坦，以及南方的斯里蘭卡，甚至是伊朗等地，不只與當地政府有緊密的經貿往來，以中國企業爲主、當地勞工爲輔的基礎建設工程，更如火如荼地進行著。

從印度的角度來看，中國在環印度洋各國的影響力之大，有如對印度構成一個戰略包圍，所以對於珍珠鏈戰略，印度政府比任何一個西方國家都更關切。

於是，印度也開始在相同的地區施展影響力，例如印度在緬甸有高達二百九十萬移民（比中國還多），馬來西亞一百六十萬，新加坡三十萬；另外在中東地區，印度移民對當地的影響力更遠勝中國，例如在沙烏地阿拉伯，印度有一百五十萬移民，科威特三十萬，阿拉伯聯合大公國也有一百萬……透過移民，中國和印度的影響力在東協與中東之間迅速蔓延（圖2-6）。

爲了掌握能源運輸的穩定性，中、印雙方在環印度洋地區都投入了相當龐大的資本與人力，至於對美國這個老牌的強權來說，維護自己在印度洋上利益的最直接方式就是駐軍。

圖 2-6 中、印、美的印度洋勢力分布

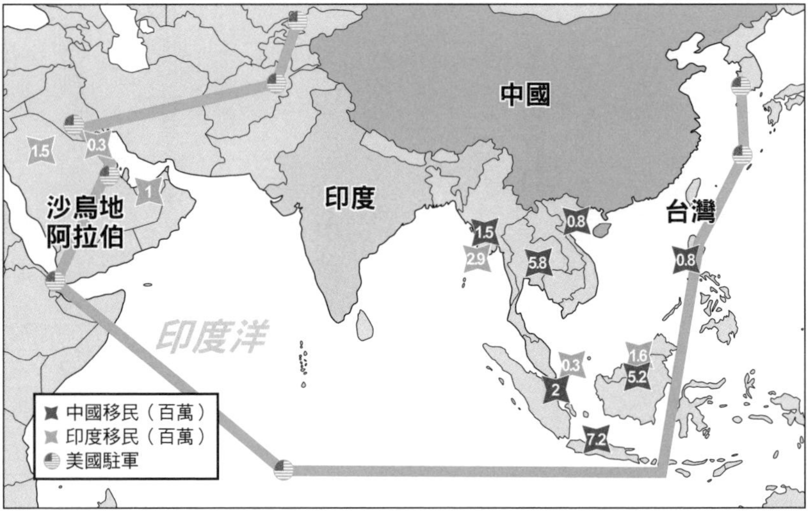

從圖2-6可以看到，美國已經在能源運輸路徑的外圍，建立起一道軍事防火牆，從東北亞的日本和韓國，到印度洋正中央的英屬迪格加西亞島（Diego Garcia），再到紅海出口的葉門，向北延伸至波斯灣、伊拉克，再往東穿越阿富汗到中亞的吉爾吉斯，這一整個大弧線目前都由美軍掌控。

新興強權和老牌強權，已經在印度洋上展開了新一輪的競合。從中國突破麻六甲困境的動線、印度反制珍珠鏈戰略的路線，以及美國掌控的石油運輸航線，都可看到印度洋才是新世紀新舊強權競逐的舞台。不過，除了中國、印度和美國，日本在經過二十年的沉睡之後，現在也開始在東協與南亞投入心力。環印度洋上的大博奕，又多了一個棋手。

5 保守的日本也開始關心西南方

相較於國力蒸蒸日上的中國和印度，以及目前仍是全球第一大國的美國，日本在環印度洋上的經營，比較不在勢力範圍的擴張，而是在尋找新的出口市場。特別是在日本自身面臨人口老化與經濟萎縮、歐美終端需求又持續下滑的年代，如果沒有新的出口市場，日本不但無法成爲政治大國，未來可能連經濟大國的地位也無法維持。這是日本與其他大國在競逐環印度洋的過程中，最不同的動機。

對日本來說，新的出口市場就落在距離比較近的中國、東南亞和印度上。冷戰期間，日本追隨美國的腳步，對東南亞各國投入了大量的心血，但冷戰結束之後，日本自身經濟步入衰退，也開始疏忽對東南亞的經營，導致中國取代了日本，成爲東南亞各國最大的資助者與整合者。

在這段期間，中國逐漸成爲日本新的出口市場，不過日本對中國市場的經營始終存在著難度，原因不只是歷史遺留的情緒，更有當前美日同盟的戰略限制：

在美日同盟的架構下，即便日本有心經營中國市場，若少了美國的默許或支持，日本也不敢太大張旗鼓。例如在鳩山內閣期間，因爲主張美軍撤出沖繩基地，並且獨自成立一個較貼近中國和亞洲的貿易戰略，造成了美國和日本關係的緊張，更間接導致日後鳩山內閣的倒台。尷尬的是，在鳩山政權之後，野田政權也犯了外交錯誤。基於鳩山政權的教訓，野田政權採取遠中親美的路線，並在二〇一二年主動與中國掀起釣魚台的主權爭議，並因此受到中國在經濟上的強力反擊。等到日本震驚於必須分散中國市場的風險，卻又發現自己過去二十年來疏於對東協和印度經營，不但爲時已晚，甚至還導致野田內閣的下台。

其實在二〇一二年釣魚台的主權爭議爆發之前，日本和中國的經貿關係非常緊密，中國甚至還是日本的第一大出口市場。只是過去二十年來一向唯美國馬首是瞻的外交政策，使日本忽略了對東南亞和印度的經營，因此當中國進行經濟反擊，導致日本經濟陷入衰退，日本才猛然意識到，過去盲從的外交政策，已使自己陷入無路可退的困境。所以，環印度洋上這時候出現日本的身影，並非因爲日本的決策考量多麼具遠見，而是大環境與時勢所趨，不得不然的被動選擇。

美國是日本在亞洲重新起步的關鍵

長期以來，日本對外的戰略始終在二擇一（中、美）的困境中掙扎。隨著中國的經濟規模正式超越日本，成爲全球第二大經濟體，日本更陷入一種焦慮；焦慮的來源一方面是中國的競爭，另一方面是來自戰略的選擇。特別是金融海嘯後的中國，幾乎已經具備了代表亞洲的能量，所以對日本來說，與其承擔經濟遭中國市場宰制的風險，不如分散出口市場，一來降低日本經濟對中國的依賴，二來也可以在其他市場中取得與中國較勁的能量。

我曾在《世界地圖就是你的財富版圖》一書中提到，要扭轉日本經濟當前一灘死水的狀況，只有兩種選擇，一是開放移民，另一就是擴大市場，這些做法的目的都是創造日本經濟的活力。不過，以大和民族向來保守的習性，前者幾乎不可能實現，而後者若沒有清晰的外交戰略，要實現也非常困難。所以挽救日本經濟的關鍵，並不在央行或財政部做了什麼，也不在美國要給予多大的支援，而是要看日本能否認清當前國際環境下的現實，調整自己的亞洲政策。如果日本願意做出戰略調整，擺脫過去「恐中症」與自外於亞洲的情緒，即使人口老化，日本經濟仍有回春的可能。

美國重返亞洲的戰略選擇，讓日本的對外戰略找到了「搭便車」的依靠。既然美國加大了對東協和印度的經營，日本自然可以追隨其腳步，好好重新塑造自己的亞洲戰略。中南半島上的五個東協國家是日本在二〇一一至二〇一二年努力耕耘的對象。例如第四屆日本與湄公河流域五國（泰國、緬甸、越南、柬埔寨、寮國）首腦會議，於二〇一二年四月二十一日在日本東京舉行，日本在會議中宣布自二〇一三年度起，提供爲期三年、總計約六千億日圓的援助，幫助中南半島上的東協五國完善基礎建設，而且日本同時決定免除緬甸拖欠的三十七億美元債務，並跟隨歐美的腳步，重新啓動對緬甸的經濟援助。

更令人眼睛一亮的是，在這場會議中六方還通過了〈東京戰略二〇一二〉共同文件，在這份文件中，提出了日本和湄公河流域五國未來在經貿與基礎建設合作上的具體辦法，重點包括完善中南半島「東西走廊」的跨國運輸路線，改善中南半島五國的交通建設以縮小經濟差距，積極爭取中南半島各國經濟的均衡發展。

除了緬甸，柬埔寨也是日本強化經貿合作的重點。日本不但協助柬埔寨舉辦二〇一二年的東盟首腦峰會，兩國還簽署了《洪水對策支援計畫》，向柬埔寨提供一五．一億日圓（約合一百八十四萬美元）的無償援助，用於二〇一一年柬埔寨洪災的災後重建。日本對越南也採取類似的做法。根據越南計畫與投資部的資料，二〇一二年前三個月，對越投資的二十六個國家和地區中，日本居於領先地位，新批及增資的資金總額達二十三億美元，占該類資金總額的八八．八％；而回推二〇一一年日本在東南亞的經營，其投資金額甚至高達一．五兆日圓，不但超過了對中國的投資金額，更取代中國而成爲東協地區最大的金主。

觀察日本在東南亞、特別是中南半島東協五國的一連串動作，可發現開啓這層交流的催化劑，都是二〇〇八年金融海嘯所導致的國際權力轉變。在此之前，日本和東南亞各國的合作主要集中在新、馬、泰、菲、印尼，例如泰國汽車業投資有七〇～八〇％來自日本公司，印尼六一．五％的水力發電站容量、菲律賓五一％的道路都是依靠日本政府開發援助而修建。而這兩年日本積極擴大在中南半島的影響，一方面是因爲金融海嘯的發生，使日本的出口需求被迫轉向，二方面更是因爲在美國重返亞洲的戰略下，中南半島出現了政治契機，使日本得以擺脫意識型態上的限制。

印度是日本和中國競爭的南方槓桿

不只是東協各國，印度也是日本大力合作的對象。印度和日本是亞洲對中國最有恐懼症的兩個國家。在金融海嘯之前，日本和印度的合作多集中在政治層面，特別是在申請加入聯合國安理會常任理事國的議題上，日本和印度經常彼此支援，所以兩國的經貿合作也是順著政治上的需求而展開。

然而大家心知肚明，聯合國的改革談何容易，若非發生重大的關鍵事件與足夠時間的醞釀，印度和日本要進入安理會擔任常任理事國，永遠要仰賴中國的政治意願。既然政治目標漫長又渺茫，經濟合作自然也就食之無味，所以在金融海嘯發生之前，日本和印度即便有經濟合作，也僅止於正常的經貿交流，並沒有向上拓展到戰略合作的層次。不過，在金融海嘯之後，中國勢力的擴大使印度和日本感受到合作的迫切性，這時再加上美國勢力重返亞洲，對日本和印度來說，從東方與南方對中國進行分合進擊，也符合自身的利益。

因此，日本和印度在二〇〇七年就開始進行雙方自由化貿易的談判，到了二〇一一年十一月，印度總理辛哈訪問日本後才敲定細節，並在二〇一二年二月正式簽署了促進兩國貿易與投資自由化的「經濟合作協定」（EPA）。根據協定，未來十年內，占兩國貿易總額九四％的產品關稅將逐步降至零，而該協定在獲得日本國會批准生效後，將成爲日本迄今簽署的第十二個經濟合作協定，日本成爲繼韓國、新加坡等國之後，與印度簽署經濟合作協定的第三個亞洲國家。更特別的是，在二〇一一年四月三十日，日本和印度也舉行了部長級的經濟對話，日本不但同意加強印度的基礎建設，更承諾將在「德里—孟買工業走廊」的工程上援助九十億美元，使得印度成爲日本官方最大的受援助國。

對於這層改變，日本媒體分析指出，該協議有望推動日本在印度擴大貿易和投資，一來有助於加強與印度的關係，二來也有利於擴大日本在國際和地區事務中的發言權和影響力（圖2-7）。不只是日本媒體，就連印度輿論也同樣認爲，與亞洲各國簽署經貿協定來拓寬貿易市場，符合印度的利益。

金融海嘯之後的國際局勢，是日本和印度加快合作的關鍵，地緣位置在這當中扮演了最重要的角色。印度的東向政策（東協＋日韓）與日本的西南政策（印度＋東協），都讓環印度洋上的大博奕有了新活力。由此可見，政治永遠是最大的經濟，自由派的市場經濟學家始終認爲「看不見的手」（市場）可以主宰一切，然而事實上，若沒有「不能說的手」（政治），看不見的手根本無法在舞台上盡情揮灑。

圖 2-7 印度的東向政策與日本的南向政策利益一致，東協因此左右逢源

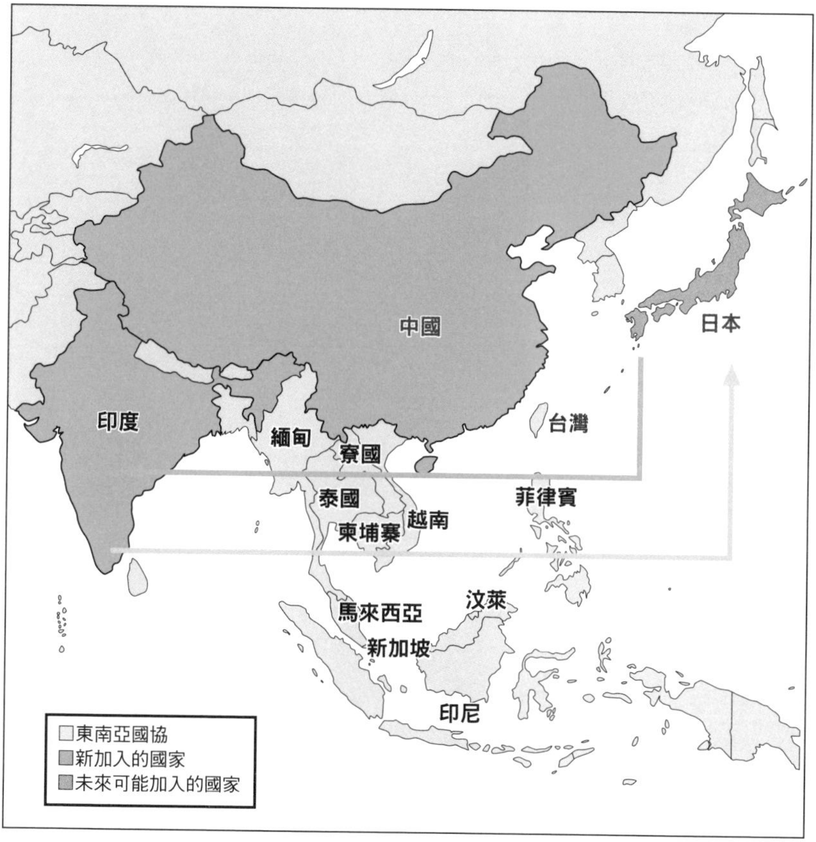

第三章 聚合

全球人口、資源與土地的新舞台

無論從人口統計學或國際權力來看，
印度洋地區都是廿一世紀的熱點。

2012年12月，緬甸民主領袖翁山蘇姬在東南亞國協百大領袖論壇中受邀演講。

緬甸軍政府釋放翁山蘇姬，以換取歐美解除經貿制裁。這個與全球經濟隔絕已久的國家，正搭上環印度洋的商機，成為各方看好的低基期、高成長新市場。

1 全球最年輕的勞動資源

無論哪個國家，如果要成爲「強國」，土地與人口的規模必然是重要的指標。國家的構成是以人民、政府、土地與主權等四大項目爲條件，其中「政府」是土地與人民在結合之後的統治組織，「主權」是政府對內與對外行動受他國承認的依據。不過，無論這個統治組織是否有效率，也無論這個統治組織的行動是否受到世人認可，如果沒有足夠的人口和土地，這個統治組織在國際上就是容易被忽略。

人口和土地，是國家實力最客觀的存在，要是少了這兩者，所有的軟實力（文化、社會、制度）與硬實力（技術、經濟、軍事、政治）也沒有憑藉，所以儘管在國際法上，每個國家都有平等的身分，但那些擁有龐大人口或土地的大國，必然會比小國更容易成爲舞台上的主角。意思就是，即使世界不是大國的，但少了大國，世界就不精采。

足夠的人口和土地，是一國成爲強權的必要條件。古今中外所有的國際競爭，奪取土地與勞力資源都是最原始的動機，因爲當土地與勞力結合，就象徵著財富的誕生，而對主權國家來說，財富的多寡又與權力的大小成正比。於是，**掌握人口與土地，就成爲一個國家在邁向強權過程中的必經之路**。在帝國主義時代，軍事侵略是強國掠奪弱國土地與人民最直接的手段，到了現代，即使不再有明目張膽的軍事衝突，國家仍可以透過經濟、金融、政治的威嚇等手段，達到掠取土地與人口的目的。

想要衡量環印度洋地區的財富潛能憑什麼崛起，就得先從人口與土地著手。表面看起來，除了澳洲之外，這個地區所有的國家都是「開發中國家」，而且在二次世界大戰之前，這個地區大多數的土地甚至還是歐、美、日等強權的殖民地，然而，也正因爲過去這些地區在經濟上的發展相對落後，當歐、美、日等老牌強權國家的人口逐步邁入老化，這些過去的殖民地國家反而開始迎接人口結構與經濟發展都欣欣向榮的年代。

西向東移，人口趨勢無法擋

美國中情局曾在二〇〇八年十一月發布一份報告：《二〇二五年全球趨勢：轉型的世界》（*Global Trends 2025: A Transformed World*），報告的主軸是以美國的角度出發，預測二〇二五年全球政經結構的新樣貌，不過報告中卻清楚點出，無論歐美國家願不願意，都無法阻止全球財富與勢力從西方向東方轉移的趨勢。這當中最主要的立論指出，**除了中國和印度等新興強權的崛起，開發中國家人口紅利的大趨勢，才是全球財富由西向東流的主因**。

報告中指出，到了二〇二五年，全球人口將從二〇〇九年的六十八億增加至八十億，儘管從總數來看，全球人口是增加的，但是從地區分布來看，西方國家多的人口都是老年人口，但東方國家多的人口卻都是年輕人口，這種人口結構的加速崩解與重新分配，是權力與財富轉換的關鍵。

有意思的是，受到經濟發展與出生率等不同的影響，東方國家中最具有新生年輕人口實力的國家，主要集中在印度、非洲、拉丁美洲與部分東南亞。特別是印度，在二〇二五年之前，對全球新增人口的貢獻度高達五分之一，也就是這個國家在二〇二五年還會再新增二．四億人口，使得該國的總人口數正式超越中國的十三億，成爲全球人口最多的國家。

另外，撒哈拉以南的非洲國家，在二〇二五年之前也會增加三．五億的人口，而在拉丁美洲，這個數字也高達一億。反之，在二〇二五年之前，俄羅斯、烏克蘭、日本、東歐與多數西歐國家，人口會再減少一〇%。至於美國、加拿大和澳洲等國家，雖然也面臨人口老化，但靠著開放外國移民，不至於像歐洲和日本那樣眞的步入老年化社會。從人口總數來看，印度、非洲、拉丁美洲與部分東南亞國家，在未來將擁有最多的年輕人口。

再從年齡結構的分布來看，印度、非洲與東協等地區比其他北方強權更具優勢。從這份報告中的數據可得知，**到了二〇二五年，三十歲以下年輕人口占總人口比例超過六〇%的地區，主要集中在撒哈拉以南的非洲與中東的阿拉伯半島，而這個比例在四五~五九%的地區，則依舊集中在印度、非洲、拉丁美洲，以及部分東南亞國家**。至於在二〇〇五年仍擁有龐大人口紅利的中國，三十歲以下的人口在二〇二五年只會占總人口數的三〇~四〇%。至於歐洲、日本、甚至南韓等國，三十歲以下的人口屆時將只占總人口不到三成（圖3-1）。

更有意思的是中東世界。同樣是開發中的伊斯蘭國家，位於北非地區的會比位於西亞地區的更早邁入老化。根據數據顯示，十五至二十九歲年輕人口將降至總勞動人口四〇%以下的國家，發生時間順序依次是土耳其、阿拉伯聯合大公國，其次是利比亞，再其次是阿爾及利亞、摩洛哥與伊朗，再來則是埃及、突尼

圖 3-1 從現在開始到 2025 年，環印度洋的人口紅利優勢將主宰國際權力的互動

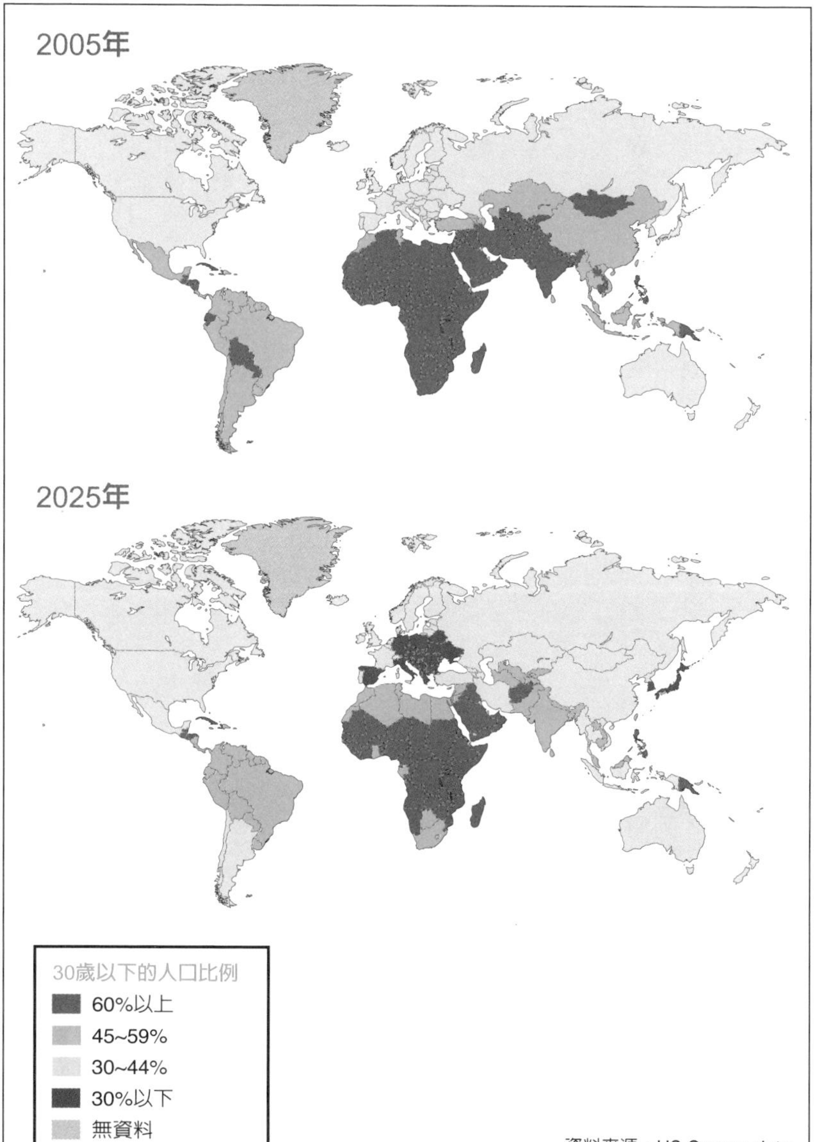

資料來源：US Census data

西亞、沙烏地阿拉伯與安曼，最後則是巴基斯坦、阿富汗、伊拉克、葉門、約旦與敘利亞。北非的伊斯蘭國家在經濟發展上最早受到歐洲的影響，不可免地跟隨著歐洲的步伐，逐漸喪失在年輕勞動人口上的優勢；而中東世界未來的主角必然是坐落在環印度洋的西亞諸國，以及東南亞的馬來西亞與印尼。可見論及人口紅利，即使在中東世界，也是以環印度洋地區爲主角（圖3-2）。

西方世界對於這樣的改變，其實是戒慎恐懼的。因爲環顧當今世上所有的議題，只有「人口老化」至今還是無解。「老化」是自然界

圖 3-2 中東世界人口紅利優勢下滑年代比較圖

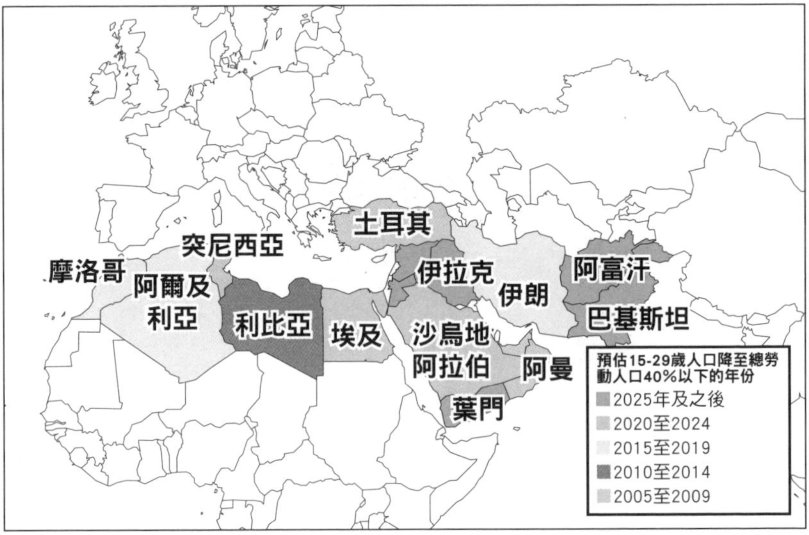

資料來源：US Census data

最直接、也最無法抗拒的力量，沒有任何組織、政府與集團有能力抵擋。隨著歐洲和日本確定步入老年化社會，年輕勞動力的減少象徵財富收入降低，而老年人口的增加也意味著政府負擔加重。站在投資的角度看，步入人口老化的國家，經濟發展將毫無活力，其結果就等於退出世界經濟的舞台，當然也代表著退出世界的權力與政治舞台。所以，對於全球財富由西向東移動這樣的概念，世人之所以認爲無法抗拒，不在於國家科技實力或政府決策的差異，而是人口老化這種自然現象，根本不可能透過人爲的手段加以阻止。

人口帶動都市化，都市化創造財富

依循這樣的邏輯就可明白，同樣都是金磚四國，爲什麼世人會把更多目光放在中國和印度崛起的這個議題上。過去，中國在全球製造業上的崛起，靠的就是廣大的人口紅利，源源不絕的勞動力造就了世界工廠。這樣的人口紅利也造就了當今中國經濟的基本型態，所以中國下一步的結構性調整，就是要把過去重生產的製造業人口紅利（靠都市人口與基礎建設），轉化爲重消費的服務業人口紅利（靠農村人口與內需擴張）。同理，印度這個國家未來持續新增的年輕勞動人口，將不可阻擋地改變全球產業的分布型態。當然，龐大的人口要能夠成爲「紅利」，關鍵還是在教育品質，所以印度政府未來要做的，就是強化教育與基礎建設，並且改善當前的行政效率，使國家的人流、物流與金流起飛，才能眞正發揮人口紅利的優勢。

與中國和印度相比，巴西和俄羅斯的能量就矮了一截。從人均收入與人均資源的角度來看，巴西和俄羅斯其實遠遠超過中國和印度，但就因爲這兩個國家沒有「足夠的」人口，所以無論日後經濟發展再怎麼看好，它們對全球產業型態的衝擊就是有限。人口趨勢是一個國家、甚至地區未來經濟持續增長的關鍵，只要人口趨勢對了，「都市化」便可以隨之展開，而都市化一展開，人口與產業就會匯聚，財富與商機也就隨之而來。

都市化與財富有必然的關連，因爲都市是人流、金流與物流的匯聚之地。根據美國聯合部隊司令部在二〇〇八年所做的報告《聯合部隊未來的挑戰與影響》指出，到了二〇三〇年，全球人口超過一千萬的超大型都會，有絕大多數都位於環印度洋地區。特別是南亞和東南亞地區，包含孟加拉、菲律賓、印尼、印度等國，會出現七個人口規模超過一千萬的超大型都會。比較特別的是，人口介於八百萬至一千萬的大型都會區，在環印度洋中也超過四個，而人口介於五百萬至八百萬的大型都會更是超過十二個（圖3-3）。

另外，美國人口統計局也發布數據，全球人口在二〇〇八年有六十八億，到了二〇五〇年會高達九十五億，屆時印度將有超過十八億人口，中國則是十四億，其他開發中國家（主要集中在亞洲和非洲）也將有超過五十三億的人口。至於歐、美、日等已開發國家，屆時人口加總卻只有十億。若以人口增長的幅度來看，中國持平，印度略增，其他開發中國家則是大增（圖3-4），可見環印度洋國家不但是未來全球新增人口最多的地區，更是都市化的重心。在未來

圖 3-3 全球大型都市 2030 年預估分布圖

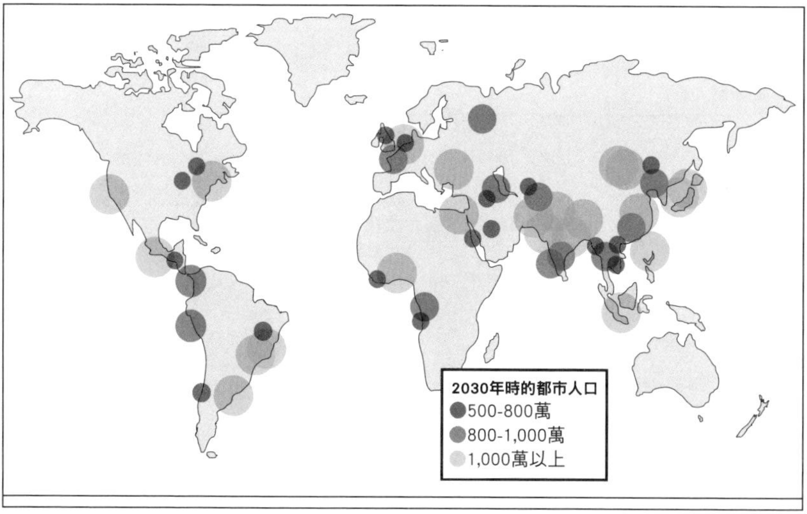

經濟崛起的過程中，亞洲與非洲的中小型國家，將是人口趨勢與經濟展望最佳的焦點。隨著歐美國家去槓桿的年代開啟，這種不可阻擋的趨勢已正在形成。

圖 3-4 中、印之外的開發中國家，2050 年占全球最豐沛的勞力資源

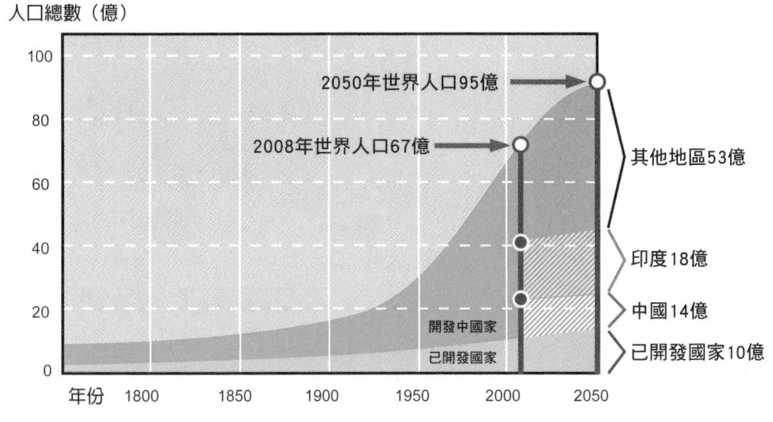

資料來源：聯合國人口參考局

2 全球最豐沛的土地資源

除了人口趨勢，豐沛的地上與地下資源，也讓環繞在印度洋周邊的國家得以浮上檯面。不過，首先在這裡要建立兩個新觀念：第一，來自土地的資源未必單純只有地下礦產，還有更大一部分是地上所能生產的重要物資，特別是水和農作物。第二，物以稀爲貴，看似普通的資源，在全球人口五十億的情況下是一回事，在全球人口來到九十億時，對人類的意義又是另一回事。目前全球人口的規模是七十億，就已經因爲資源的相對稀少性而出現了不同層次的資源競爭，那麼當二十年後全球人口達到八十億時，這些早已捉襟見肘的資源，對市場與國家權力的互動又會造成什麼影響？

擁有天然資源，不單純只是代表產業的發展，更大的意義在於，國家的財富與權力會因爲資源競爭而出現什麼樣的競合關係。隨著國家經濟實力的增長，不同的資源會在不同的需求下，出現不同的角色與功用，這種角色與功用的變化，都會造成其他國家一系列的連鎖反應，而這種反應才是驅使財富流動的關鍵。

掌握資源，就是掌握權力

就以先前熱騰騰的「稀土」話題為例。中國是目前全球最大的稀土生產國，但是該國的實際稀土蘊藏量，卻只占全球蘊藏量的三〇%。為什麼會出現這種詭異的情況？因為受到他國對稀土開採的限制，以及中國當年經濟發展的出口需求，從八〇年代開始，中國大量開採稀土，長期下來供應了全球超過九〇%的稀土產能。金融海嘯之前，中國並未把稀土視為戰略資源，所以隨處可見開採、變賣，甚至是走私，使得中國的稀土開採製造了惡劣的環境汙染，更讓西方國家得以用便宜的價格買入，掌握這個在高科技產業中最關鍵的原物料，進而反過來威脅中國在產業上的革新。

當中國在金融海嘯之後終於意識到稀土的戰略意義，便對稀土施以出口管制。但這種做法看在經濟已陷入瓶頸的西方國家眼中，卻是違反自由貿易原則。美國和歐盟聯手對中國的做法表示不滿，還一狀告到世界貿易組織，甚至動用其他機制的遊戲規則，在其他產業上對中國實施更嚴格的監控與限制。

爲此，中國稀土相關產業的股票價格簡直漲翻了天，而因應中國限制稀土出口，美國、澳洲、日本開始加速稀土的開採，就連越南龐大的稀土蘊藏量也被日本企業盯上。這些連鎖反應，使得這個產業的財富從中國向其他國家外溢。

由這個例子可以看出，各種資源在國家運用過程中所面對的生產、運輸、運用、甚至定價等環節，都會成爲影響國家權力、甚至是財富流向的關鍵。所以，地下的資源蘊藏有多少是一回事，「能否讓地下蘊藏的資源，改變其全球產業鏈分布」，更攸關國家的利益與財富的分配。

巴西也是一樣。眾所周知，巴西是全球最主要的礦產與農產品出口大國，但長期以來，巴西有不少農產和礦產公司的經營權，實際上都由西方大型的跨國企業所掌控。然而，二〇〇九年，巴西國家石油公司（Petrobras）在里約外海發現了一座超級油田，當時的魯拉政府堅持巴西國家石油公司必須百分之百掌握這座油田的開採，並且嚴格限制外國資本涉入的比重。

當然，更不用說之前曾喧騰一時的，中國海洋石油公司併購美國優尼柯石油公司（Unocal）的例子了。這對兩造來說原是一樁很美的交易，但後來美國國會與行政部門介入，使得單純的企業併購竟演變爲攸關美國國家安全的政治議題。於是，在這起併購案中，中海油最後鎩羽而歸。

所謂的戰略性資源，不單只是一個商品，更涉及國家與企業之間的合縱與連橫，也會對國家利益造成關鍵的影響。前美國國務卿季辛吉不就說過：「掌握了石油，就能掌握國家；掌握了糧食，就能掌握人民；掌握了貨幣，就能掌握世界。」油（石油）、金（黃金、貨幣）、農（農產品、土地），其實都是戰略性資源。在大國博奕的過程中，對戰略性資源的掌控往往是該國取得物質生產優勢的先決條件，所以不難理解，未來當強權們的利益在印度洋海域發生碰撞，將會發生多麼激烈的資源競賽。

以全球角度觀之，印度洋的北方——中東是全球最重要的油田，全球有將近六六%的石油是從這裡出口，剩下的三三%則分別由俄羅斯、加拿大、挪威、委內瑞拉、部分拉丁美洲與非洲國家共同囊括。早自十九世紀，英、美企業就紛紛進駐中東地區，即使二次世界大戰結束後，英國的勢力退出了中東舞台，美國卻繼承了英國在中東的既有利益，成爲中東政治版圖的主導者，以及石油資源的掌控者與分配者。表面上看來，當前美國在中東的石油利益牢不可破，不過二〇一一年的茉莉花革命卻動搖了美國在中東地區的權力平衡，使得中東國家對石油出口有更多的選擇。例如，中東最大的產油國沙烏地阿拉伯，其遜尼派阿拉伯人的角色，本是美國在中東地區制衡伊朗這個什葉派波斯人最好的棋子，但隨著伊朗問題愈來愈令美國頭痛，沙烏地阿拉伯的角色更加吃重。於是，當美國和歐盟計畫對伊朗實施經濟制裁與石油禁運，沙烏地阿拉伯反而得分擔更多的石油產能，而這種改變也使中國、印度、甚至俄羅斯等其他強權，對中東有了介入的機會，更使美國在中東的戰略利益更加詭譎。

傳統資源爭奪從中東蔓延到非洲

當然，伊朗並不是省油的燈，身爲全球第二大產油國，以及掌握荷姆茲海峽的關鍵地緣優勢（圖3-5），伊朗在歐美國家對其實施禁運時，用更便宜的價格向新興市場國家兜售石油。所以，即使西方的制裁措施已全面啓動，但伊朗有了中國、印度、俄羅斯、甚至韓國和日本或明或暗的支援，經濟制裁始終無法收到全效，也使美國和以色列始終得把「動武」當作解決伊朗問題的選項。

由此也可見，即使環保議題喊得震天價響，各大強權對於石油這個傳統資源的爭奪，反而因國家勢力的重新洗牌而更形激烈。於是，即使不是中東國家，只要是產油的國家也紛紛被迫加入這一場權力競賽；除了中亞的哈薩克、土庫曼等產油大國，非洲的奈及利亞、安哥拉等產油大國之外，南海域的油田與天然氣開採，也讓南海周邊的國家得以受惠，而在這個過程中，非洲國家的投資地位更被拉抬了。

當聚光燈從環印度洋的中東地區，轉移到環印度洋的西方——非洲，就代表非洲這個過去被世人忽略、且與全球經濟隔離的地區，已經正式打入國際分工體系，成爲權力、經濟與財富的供應鏈。從歷史經驗來看，無論是哪個國家或集團，即便資源再豐富、人口再龐大，只要沒有加入國際產業的分工體系，經濟就是無法起飛。六〇至八〇年代實施封閉政策的中國、七〇至九〇年代

圖 3-5 伊朗在荷姆茲海峽的優勢

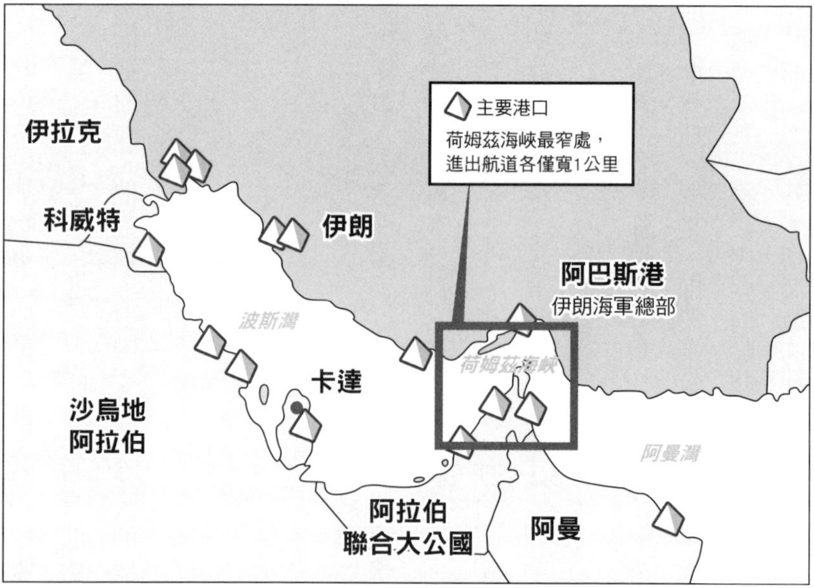

實施共產制度的蘇聯，六〇年代至一九九〇年執行不結盟政策的印度，種種例子都能說明，國家體質只是經濟發展的「必要條件」，而抓住戰略機遇加入國際分工體系，才是經濟得以起飛的「充分條件」。非洲就是這樣，龐大的人口與資源早已存在多年，但這個地區之所以受到世人矚目，主要還是受到列強拉攏而加入國際體系供應鏈的影響。

非洲不但是全球第二大洲，也是全球最古老的板塊，有著豐沛的地下與地上資源。在地下資源部分，除了石油，還蘊藏著大量未開採的基本金屬，例如工業用途最廣泛的銅、鎳、鋁等；連黃金和白金等貴金屬，南非也是全球最重要的產地之一。所以列強下一波追逐石油與礦產資源的重心，就在這一塊比中國、美國、歐洲、印度、日本和墨西哥加起來都還要大的板塊上（圖3-6）。

比較特別的是，受到歷史與文化的影響，歐洲對北非有較大的影響力，所以北非國家的政治與經濟較容易受到歐洲的影響，就連出口創匯，歐洲對北非所占的比重都還高達六〇%。但是在撒哈拉沙漠以南的非洲國家，西方勢力並不願意進入，剛好讓中國有了填補空缺的機會。諷刺的是，晚來的中國，在非洲大陸上的耕耘極爲成功，而金融海嘯的發生，突顯了東、西方勢力在非洲大陸的消長，這使得西方國家終於回過神來，認真檢視非洲大陸在國家權力競賽中的戰略價

圖 3-6 非洲大陸比中、美、印、日和歐洲的加總面積都大

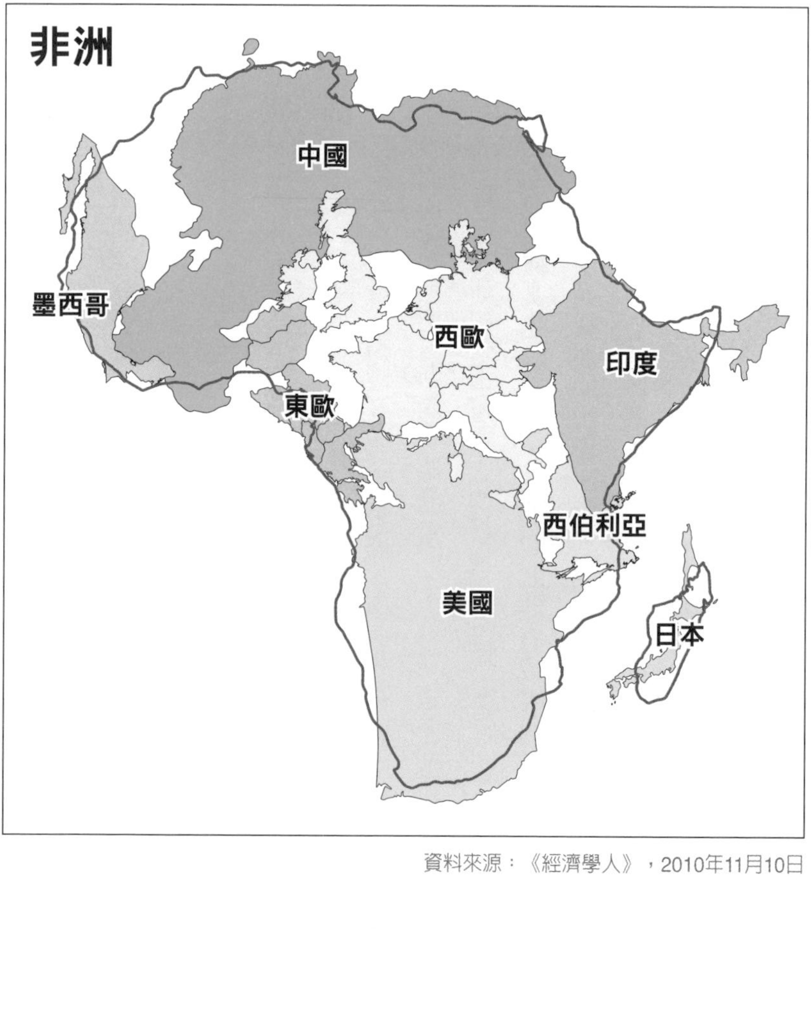

資料來源：《經濟學人》，2010年11月10日

值。這部分，在後續的篇章中還會提到。

除了地下礦產這種傳統資源的競賽，環印度洋地區未來還會上演兩齣非傳統資源的爭奪大戲，一齣是農產品，另一齣是水資源。根據聯合國農糧組織（簡稱FAO）的統計，全球目前仍有八．一五億人口（約全球總人口的七分之一）正在為營養慢性失調所苦，分布的國家橫跨非洲、南亞、東南亞、中國和南美洲部分地區。從國家的統治者角度來看，糧食在決策中的定位，不單只是人民的基本溫飽，更涉及政府施政與社會運作的穩定。巧合的是，從缺乏糧食的地區來看，除了南美和中國之外，缺糧的國家全數圍繞在環印度洋地區。

糧食與水資源的舞台都在印度洋周邊地區

在此要先打破一個刻板印象：在許多人心目中，有些國家與地區似乎注定了就是得與戰爭和飢餓畫上等號。不過事實上，只要有土地、有農民，氣候也沒有出現極端異常，世界上根本沒有一個國家會具備缺糧的條件。那麼，為什麼世界上仍不時傳出缺糧的新聞？

關鍵不在糧食的產出，而在糧食的分配。從圖3-7可看出，全球主要的糧食出口國集中在歐盟、北美以及澳洲等富裕國家，而其他開發中國家，甚至包含日本和亞洲四小龍在內，竟然全數是糧食進口國。重要的是，正爲缺糧所苦的非洲與南亞部分國家，其實有著龐大的土地面積，以及辛勤耕種的農民，但這些國家卻依然無法主宰自己的糧食安全。這中間的關鍵，就在於歐、美等糧食出口國的農業貿易政策。

美國和歐盟由於實施大面積的工業化耕作，所生產的小麥占了全球產量的四〇%，其中有一半是歐美國家自己使用，另一半則輸往開發中國家。與擁有龐大人口、且被迫採取「精耕」的開發中國家相比，歐美國家可以進行大規模的工業化生產。光是這一點，就讓已開

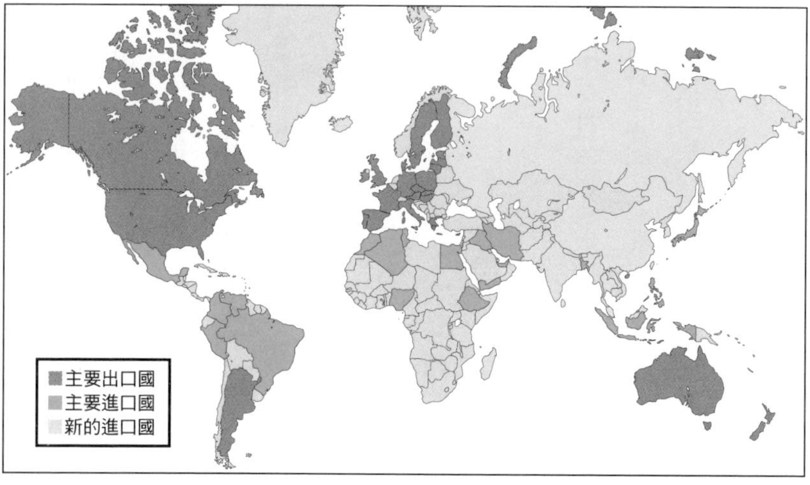

圖 3-7 不均衡的農產品分布

發國家和開發中國家，在農業的生產力上出現了龐大的落差，導致歐美農民每單位的實際產量，遠遠大過開發中國家農民每單位的實際產出。

除了生產力的差異，既定的國際貿易政策也扭曲了正常的農業生產結構。例如美國和歐盟政府不斷藉由補貼農民、保護出口業者，以及低廉的價格，替自己爭取貿易上的優勢。此舉雖然導致美、歐雙方經常在農業議題上掀起貿易戰爭，但是長期下來，兩造在全球糧食供應鏈上的角色愈趨相同，進而在貿易議題上與開發中國家站在對立面。

歐美國家經常在「貿易自由化」的大旗下，要求所有想要打入歐美工業體系鏈的開發中國家，不得在農業上補貼自己的農產品與出口商。開發中國家爲了加入成熟國家的分工體系，往往會選擇讓步，但此舉必然導致開發中國家放棄農業自主，進而成爲糧食進口國（台灣就是最佳的例子）。當然，也因爲開發中國家的農業生產成本較高，在國際間競爭不過採取大規模生產的成熟國家，於是原本已經扭曲的貿易結構更加扭曲，使得依賴糧食進口的國家，在歐美低廉糧食價格的進攻下，加速毀壞既有的農業體系，導致愈來愈多的耕地遭廢棄，而原本豐饒的農地，隨著工業化發展，逐漸湮沒在荒煙蔓草間。

在這種惡劣、短視、不正義且不公平的貿易手段下，地球上原有的農業生產型態被大舉破壞，其結果就是造成開發中國家淪爲糧食進口國，而那些受到歐美政府政策支持的糧食生產商與出口商，賺的錢愈來愈多，回過頭來再收購開發中國家的相關廠商，進一步主宰開發中國家的農業生產體系。

除了糧食的分配與交易結構遭到嚴重扭曲之外，地球上的農業生態被嚴重破壞，更是殘酷的事實。例如北非沿岸各國的傳統作物是高粱、黍和樹薯，但過去二十年來，這些農作物的栽種量反而每年減少一%，農民轉而栽種出口導向的棉花、咖啡與可可。表面上看來，這些國家可以靠著出口棉花、咖啡及可可賺取外匯，但事實上，這些國家的小麥進口量卻以每年八%的速度增加，逐漸喪失農業政策的主導權。所以，原本靠著尼羅河兩岸的灌溉即可在農業上自給自足、甚至在廿世紀仍是中東「糧倉」的埃及，現在卻成爲世人眼中的「產棉大國」（埃及棉），而其國家地位也從原本的糧食出口國變成糧食進口國，導致埃及在環地中海沿岸的戰略角色大大降低。即使是該國最後引以爲傲的「埃及棉」，也在國際大廠的圍攻下，逐漸退出競爭的舞台。

以出口可可和咖啡豆爲主的西非國家，也遭遇同樣的窘境。雖然可可和咖啡豆的出口可以替這些國家賺取外匯，但是在華爾街的交易體系下，這些商品的國際價格根本就不是原產地的價格，更無法嘉惠當地農民。來自歐美國家的大型糧食收購商，靠著廣大而綿密的網絡，在世界各地蒐集農作物的生產情報，並且大舉收購。在收購的過程中，大型企業不單只是購買當地所生產的糧食，還藉由併購與入股的手段，主宰當地糧食的生產商與出口商，甚至擴及通路販賣與食品加工，進而控制整個產業的上、中、下游體系。這些大型糧食廠商可以用極低廉的價格收購當地的農業體系，再以高昂的價格在國際市場上賣出獲利。這時再加上華爾街交易員的槓桿與投機，當國際糧食的價格遠遠高過產地的價格時，當初以極度低廉價格收購農作物的歐美大廠，反過來要求原產地的競爭者以華爾街國際市場的高價購買進口作物，導致原產地的農民根本無法與之競爭，到最後，不是轉賣自己的企業給歐美大廠，就是被迫放棄耕種。

當前的國際農產品交易體系存在著嚴重的缺陷，不但極不公平、也不正義。對缺糧的國家來說，土地資源就等同於戰略資源，糧食安全就等同於國家安全。而目前主要缺糧的國家都集中在非洲、南亞與部分東南亞國家，如果農產品缺乏的議題，眞如之前金融圈與部分財經作家所說，在未來是一個趨勢，那麼國際大廠與在地企業對於農產品與土地資源的競爭，必然也將圍繞在環印度洋的相關國家。

談到農業，必然少不了水資源，因爲若無法取得水資源，糧食安全根本無法得到保障，而且與其他資源不一樣的是，水資源是無法取代的資源，更是經濟發展不可或缺的關鍵。無論是個人的飲水需求、城市的飲水供應，還是鋼鐵、造船、晶圓代工、農業和服務業等，都要用到大量的水。水資源缺乏也是開發中國家共同的挑戰。根據統計，到了二〇二五年，中國、印度和非洲國家多會面臨水資源困境，如果氣候持續暖化，沙漠化現象持續蔓延，水源地的沙漠化將不可避免地影響到國家的產業發展與政治決策，一旦處理得不好，甚至有可能引發邊界戰爭（圖3-8）。

在東亞地區，水資源的供給還不是問題，但是在中國北方、印度、中東與非洲等環印度洋的周邊地區，水資源缺乏的問題相當急迫，而受此影

圖 3-8 惡化中的水資源分配

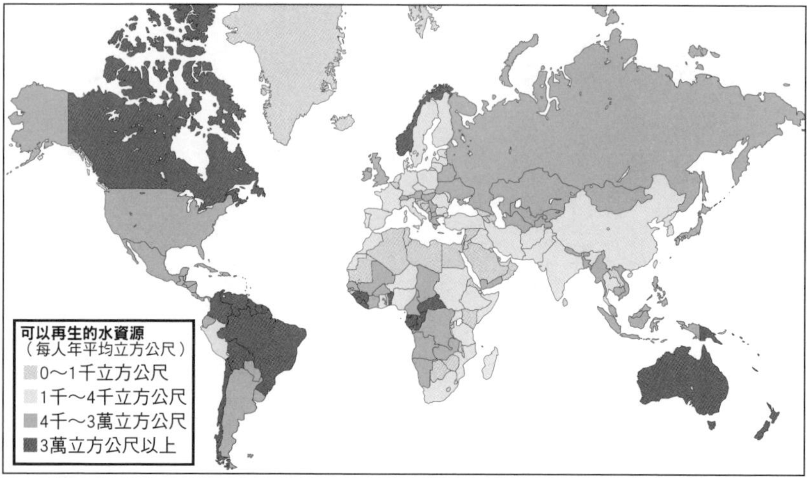

響，緬甸、印尼、西非與中非等蘊藏大量水資源的國家，其戰略地位更形重要。由於這些國家的水資源尚未開發，未來勢必引發多國企業的競爭，從水源地開發與水壩工程，乃至水質處理與水管線路分配規畫，都足以吸引各路人馬前來競爭。

恢復農產品與水資源的使用正義

無論是傳統的地下資源，還是未來攸關人類永續發展的地上資源（水、糧食、土地），集合上述所有資源特性的區域都在環印度洋。然而弔詭的是，有水有糧的國家都是歐、美等富裕經濟體，缺水缺糧的卻都是開發中國家。如果農產品與水資源是國家永續生存的關鍵，那麼未來環印度洋各國在經濟發展上最大的挑戰，就是克服農產品與水資源的安全困境。

水資源的重要性，攸關國家安全與生存發展。以中國爲例，中國早就在進行「南水北調」的工程，其中的東線、中線與西線將在二〇二〇年之前完工。中國國務院每年發布，最具政策主導性的〈中央一號文件〉，過去都與三農問題（農業、農民、農村）有關，但是從二〇一〇年開始，〈中央一號文件〉的主題已從三農問題轉變成水資源議題，可見中國政府對水資源的開發、管理以及維護，已經提高到國家安全與戰略的層次。

同樣的，非洲國家也在水資源與農產品議題上展開自己的動作，例如西非與中非國家開始鼓勵企業開發水資源，作為與其他開發中國家的交換條件。部分非洲國家甚至出售土地給中國、印度和巴西等金磚大國，引入這些國家的資金與技術，一來施行基礎建設工程以拉抬當地的就業率，二來從這些土地上所種植出來的作物，可以降低開發中國家對歐美糧食進口的依賴，三來也可以讓這些企業把當地生產的農作物，用更公平的價格嘉惠當地民眾。

目前，包括土耳其、約旦、緬甸與越南等國，都已經正視水資源匱乏的問題，而歐美企業與其他金磚大國的企業，也注意到這塊商機。隨著農產品與水資源議題的日益突出，價格的控制將是各國約束相關議題惡化的關鍵。未來如何讓水資源與農產品價格的定價更公開、更公平、更符合正義，如何避免讓農作物價格任由華爾街掌控，如何避免讓農作物的生產與運輸掌握在歐美大廠手裡，將是開發中國家與歐美國家博奕的最佳槓桿。

當農產品與水資源重新站上道德的制高點，一來讓開發中國家的相關企業得以與歐美大廠公平競爭，二來也可以降低金融圈交易員與企業的投機槓桿，使價格回歸正常，使農產品真正屬於全人類，而不是屬於少數企業。

3 人口土地只是條件，抓住戰略機遇才是關鍵

有了人口與資源等條件，環印度洋地區等於是全球最具經濟發展潛力的區域，不過國家能否崛起，眞正的關鍵在於能否抓住「戰略機遇」，而不只是看國家本身的條件好壞。例如，若沒有蘇聯勢力在七〇年代的坐大，中、美兩國絕不可能發生和解的情況。若沒有美國拉攏中國來制衡蘇聯、並在經濟上給予協助，鄧小平在八〇年代所推行的經濟改革不可能大刀闊斧。另外，若沒有九〇年代蘇聯的崩潰，中國根本沒機會實行「韜光養晦」的戰略以累積國家實力。若沒有在二〇〇一年加入世界貿易組織，中國也不可能成爲世界工廠。更近的例子，就是如果沒有二〇〇八年的金融海嘯，中國和其他新興國家也沒辦法在經濟事務上，獲得與歐美國家平起平坐的機會。

這個道理，對環印度洋地區的國家來說也是一樣。什麼是環印度洋國家的戰略機遇？答案顯而易見：它有全球最豐沛的人口紅利與土地資源（條件），卻沒

有共同的老大；而偏偏在這時候新舊強權又發生遊戲規則的重組（時勢），所以這時候，環印度洋這個舞台正式具備了「時勢造英雄、英雄造時勢」的能量。

印度洋才是全球資源運輸的主舞台

關鍵，就在地緣。全球有六〇%的能源運輸仰賴海洋，其中有七大海運戰略要道，承擔著每日四、三七〇萬桶的石油運輸，而在當中，環印度洋地區就占了四個。這四個要道的能源運輸份額高達每日三、九八〇萬桶，幾乎占了全球每日能源運輸總量的九二%（圖3-9）。

圖 3-9 全球主要能源運輸通道

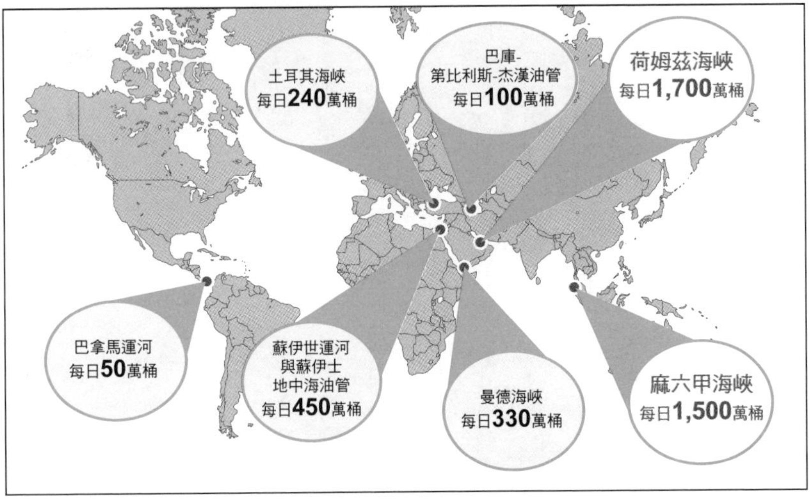

這種得天獨厚的戰略優勢，是環印度洋地區被新舊強權盯上的關鍵。例如位於新加坡與印尼交界的麻六甲海峽，承擔著每日高達一千五百萬桶的石油運輸，而位於伊朗和阿拉伯聯合大公國之間的荷姆茲海峽，更承擔著每日一千七百萬桶的能源運輸。比較有意思的是，根據國際能源組織的預估，隨著亞洲和非洲地區的經濟成長，荷姆茲海峽所要承擔的石油運輸量將從二〇〇五年的每日一千六百萬桶增加至二〇三〇年的三千零五十萬桶，而麻六甲海峽所承擔的石油運輸量，也會從每日一、四三〇萬桶增加至一、八一〇萬桶。相對的，穿越紅海口與蘇伊士運河而運抵歐洲的石油，只會從每日四百二十萬桶增加至四百九十萬桶，即使加上埃及的產量，運抵歐洲的石油也只從每日四百七十萬桶增加至五百三十萬桶。可見從石油需求增長的角度來看，印度洋的角色將比大西洋及太平洋更重要（圖3-10）。

除了海洋之外，即使以陸路上的能源運輸來看，環印度洋也是熱點。這個地區的陸上強權是中國和印度，這兩國對能源爭奪的安排，突顯出環印度洋國家在陸路運輸上的戰略價值。當然，資源競爭未必是你死我活的零合遊戲，因爲在眞實世界中，大國對資源的競爭將會連帶拉抬周邊國家的經濟效益。

從地圖上可以看到，中國和印度在能源運輸上其實是既競爭又合作。例如在海洋上，印度在孟加拉灣西岸的清奈港（Chennai）和加爾各答港（Kolkata）都設有海軍基地，目的是維繫自身從波斯灣到孟加拉灣能源運輸的安全。中國與緬甸合作，在實兌港（Sittwe）和土瓦港（Dawei）分別建立了軍事基地，更在這兩個港口後方興建了通往雲南與泰國的輸油管通道。這兩條輸油管通道，都可以直接讓印度洋上的石油不須繞道麻六甲海峽，就能直接運抵中國。然而，緬甸興建通往雲南的石油運輸通道卻得穿越

圖 3-10 全球主要能源運輸通道的運輸量增長圖

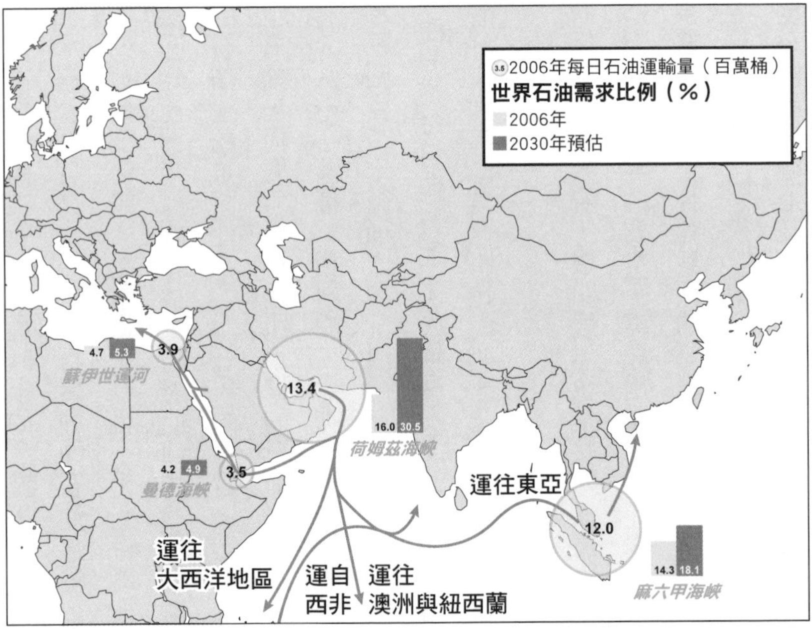

資料來源：國際能源署

印度境內，可見即使在海洋上中國和印度互相爭鋒，但是在陸路運輸上，透過緬甸的槓桿，中國和印度反而能達成妥協。

資源競賽未必是零合遊戲

向來與中國處於競爭關係的印度，爲什麼可以與中國取得妥協？這一切要從南亞的地緣板塊說起。在南亞的地緣政治中，巴基斯坦的角色非常重要，雖然這個國家是從印度分離出去的，但它卻因爲喀什米爾問題而與印度打了三次戰爭，所以在傳統上，中國和印度是競爭關係，而巴基斯坦和印度是敵對關係，那麼中國就很自然地成了巴基斯坦的盟友。受到中、巴基同盟的影響，印度便拉攏美國作爲槓桿。在九一一恐怖攻擊事件之前，南亞的地緣政治基本上是以「印度＋美國vs.中國＋巴基斯坦」的態勢進行。

沒想到，九一一事件發生後，向來與印度敵對的巴基斯坦，因爲對阿富汗神學士政權有決定性的影響力，突然成了美國反恐戰爭的重鎭。這種關係令印度相當吃味，南亞地區權力平衡的局面，也看似即將發生變化。於是，印度不得不在二〇〇四年與巴基斯坦進行總理訪談，期望能改善雙邊關係。在那段期間，巴基斯坦與中、美、印等大國同時友好，迎接該國歷史上難得一見的和平穩定期。

不過，美國在二〇一一年擒殺了奧薩瑪賓拉登之後，再度改變這個地區的權力平衡。由於美軍當時是在未先知會巴基斯坦政府的情況下，就直接在該國境內執行格殺賓拉登的任務，這種侵犯主權的舉措，引爆了日後當地人民與美軍的一連串衝突。美國和巴基斯坦的關係變得相當脆弱，而這樣的局面對印度來說反而是相對有利的。

照理來看，巴基斯坦對美國已經沒有利用的價值，但是，要如何避免巴基斯坦在美軍撤出後完全倒向中國，反而成了美國必須留在巴基斯坦的考量。於是，在賓拉登死亡之後，中、美、巴、印四國在南亞又形成了另一種巧妙的平衡。

巴基斯坦的瓜達爾港（Gwadar），可以說是大國在南亞競爭過程中的一個縮影。中東伊朗和中亞土庫曼所生產的石油，如果要被中國和印度所用，就要先運往瓜達爾港，再從瓜達爾港向東穿越印度、緬甸，最後才抵達中國。有意思的是，儘管巴基斯坦和印度向來敵對，印度若要取得伊朗的石油，就不能與巴基斯坦交惡。巴基斯坦看準了這層需求，在印度取得伊朗石油的過程中，要求必須讓經過巴基斯坦抵達印度的石油管線，必須再穿越緬甸，延長到中國。至於中國，爲了預防南方油管被印度和美軍所控制的阿富汗勒索，也與哈薩克達成協議，興建了直通中國的輸油管（圖3-11）。

就這樣，在南亞大陸上分別處於競爭與敵對狀況下的三個國家，竟分享著同一條輸油管。在環印度洋陸路能源運輸的競賽中，阿富汗是美國的槓桿，緬甸和哈薩克是中國的槓桿，而巴基斯坦則是美國、印度和中國共同的槓桿，這種大國間巧妙的競合與平衡關係，正是環印度洋國家在地緣上的優勢，也是相關國家在經濟發展上獲得的戰略機遇。

圖 3-11 中國和印度在環印度洋上的能源競合

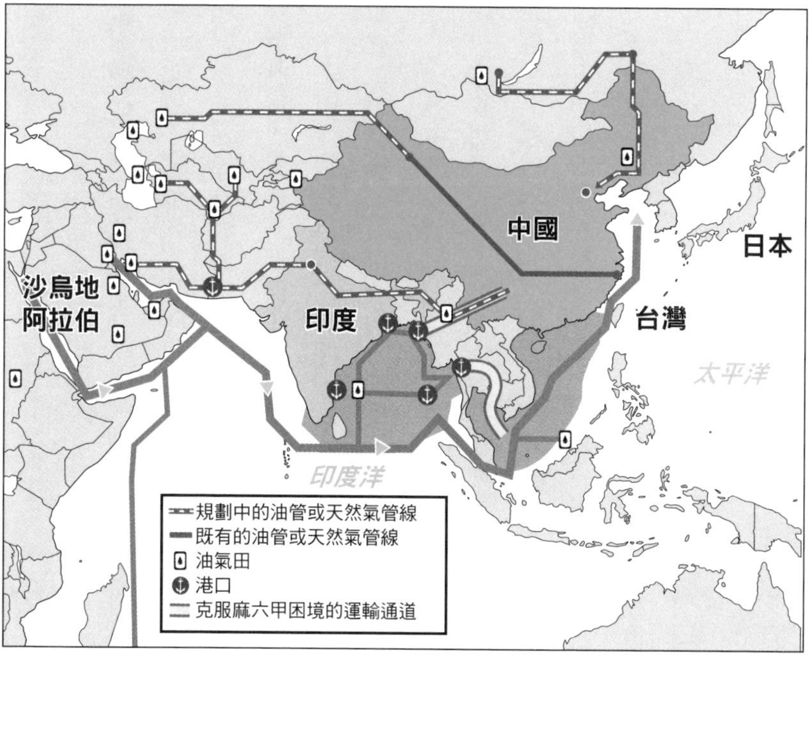

中南半島也開始叫牌

同理也能印證在中南半島的越南和緬甸。緬甸向來是中國的政治與經濟夥伴，但是二〇一一年，緬甸軍政府決定逐步開放民主化，以換取西方解除經濟制裁，其成效已在二〇一二年逐漸顯現。全國民主聯盟領袖翁山蘇姬的釋放，不但讓西方國家順勢解除了對緬甸的經濟制裁，更讓其他與中國有競爭關係的亞洲國家，跟隨美國的腳步大舉布局緬甸。之前提到的日本和印度，就是在美國的腳步之後加速與緬甸的經貿合作，例如過去印度長期支持親西方的緬甸反對派，對緬甸軍政府的政策之強硬，甚至超過西方國家，印度不僅對緬甸實施經濟制裁，還直接向緬甸反對派武裝組織提供資金和其他支援。然而，印度總理辛哈在二〇一二年五月二十七日展開的緬甸之行，引起外界的高度關注，因爲這是印度總理自一九八七年以來首次訪緬。各國搶占緬甸市場的熱情，在二〇一一年下半年之後逐步高漲，除了中國之外，西方企業也躍躍欲試。緬甸豐富的油氣資源在印度的能源版圖上也占據著重要地位，印度政府爲了因應緬甸國內情勢以及國際環境的變化，不得不加快腳步，與緬甸發展關係。

越南也是。爲了降低中國對中南半島的影響力，美國積極與越南合作；即使美國和越南打過戰爭，但在南海的主權議題上，美國還是或明或暗地給予越南支持。受到美國戰略東移的影響，日本和越南、印度和越南之間的關係也愈形緊密，一連串的政治、經濟與經貿合作，甚至是軍事演習，逼得越南不得不公開表態，指出在中、美兩強之間，該國只希望和平、不希望選邊站的立場。

西方勢力進入中南半島，當然會影響到中國在中南半島長期經營的成果，可是就如同美國不懼怕中國經營拉丁美洲一樣，中國對於西方進入中南半島也沒有反對，而且還願意與西方國家一起在中南半島競爭經濟利益。這種不強壓意識型態卻又以經濟力量維繫的關係，既不會讓小國陷入選邊站的困境，也不會給西方國家找到圍堵中國的藉口，更不會改變中國塑造和平周邊環境的戰略利益。

同樣的道理，美國能夠在不與中國正面衝突的情況下，把自己的利益延伸到亞洲，也剛好符合戰略重心東移的利益。不同勢力在同一區域內得以和平共存，剛好反映出中、美兩國在新時代互動的模式，這使世人逐漸明白，冷戰時期那種二元對立的思維與互動模式，在多極化的國際體系下已不再適用。至於在多極體系下，小國是大國相爭的槓桿，而這個槓桿可以連結不同集團的兩端，使小國得以成為兩個集團競爭過程中最大的受惠者。

以上就是環印度洋周邊的中小型國家，在未來經濟可以起飛的關鍵。在眞實世界裡，國家利益與權力競爭這種「不能說的手」，對經濟事務的影響反而比「看不見的手」更大。大國對權力的貪婪所引發的資源競逐，會使環印度洋周邊的中小型國家，從過去美國體系下的乖乖牌，變成中、美、印、日、俄等國在進行權力博奕中的利益槓桿。只要這些中小型國家不選邊站，就可以同時享有來自各方勢力集團的政經優惠。隨著權力的互動，環印度洋上多數的中小型國家，也因此踏上了財富之路。

第四章 鳴鼓

G2 戰略困境，環印度洋好戲上場

在確認對方的真實意圖前，試探對方的底線是一種摸索、一種代價，也是一種機會。

印度總理辛哈（右）與巴基斯坦總理札達里（左）2012年4月在新德里會晤。

當強權紛紛前進環印度洋布局，過去誓不兩立的國家，也必須加入曖昧的競合遊戲。曾為宿敵且以核武互相制衡的印度與巴基斯坦，已開始尋求關係的正常化。

在人口、資源以及權力的互動下，環印度洋地區已經成爲各國展現實力與國際勢力洗牌的大獵場。這是史上第一次，來自不同地區與不同文明的國家，在同一個舞台上較勁。舊的西方強權亟欲守成，新的東方強權躍躍欲試，按照傳統的邏輯，這兩造一定會發生激烈的碰撞，因爲證諸歷史，強權在崛起的過程中，若是沒處理好與既有強權的關係，結果必然導致戰爭。

金融海嘯之後，中、美的互動關係已經從私下的較勁，轉變成公開的競爭，而當全球最大的已開發國家和全球最大的開發中國家彼此較量，當今所有問題的發生，必然與這兩國的競爭有關，而問題的解決，必然也要仰賴這兩國互動的結果。因此，若要了解環印度洋地區未來的變化，必得先從中、美兩國的戰略目標，以及戰略互動的本質談起。

1 不知誰是誰，中美兩強的戰略困境

冷戰結束已經二十年了，在這段期間，美國的客觀實力逐漸增強，中國的實力卻也以更快的速度不斷擴大，這樣的結構，使得每次美國在舉行總統大選時，必然會以中國作爲選戰的議題。不過如此紛擾二十年下來，中、美兩國的關係並沒有因此發生結構性的質變，這到底是怎麼回事？

中、美關係的本質本就一言難盡。兩國的客觀實力雖有落差，但中國在國際上運用自身實力槓桿的本領，卻與美國強大的客觀實力不分軒輊。另外，雖然兩國有截然不同的世界觀與意識型態，但彼此的經濟發展都與全球緊密串連，再加上都是核武強權，所以在確認雙方最眞實的戰略意圖之前，與對方共處（無論過程是否和平）就成了兩國不得不然的選項。

這種雙方都想主導世界發展、卻又無法與對方公開決裂的微妙關係，造就了中、美兩國在發展上的戰略困境。對美國來說，如何避免崛起的中國成爲威脅自

己的勢力，攸關美國的核心利益；而對中國來說，如何降低美國在中國發展過程中的阻力，也攸關中國長期的生存與發展。在核心利益不同、但利益範圍又未必全然衝突的情況下，中、美關係就是一種既競爭又合作的雙邊關係。

對任何大國來說，這樣的戰略困境都是麻煩的，因爲若要降低戰略誤判的風險，必得在決策過程中增加額外的成本，而成本增加意味著更多的折衝與犧牲，這些折衝與犧牲，必然會影響到既得利益者的權利。要協調對內與對外既得利益者與新興競爭者的關係，對中、美兩國的政府來說都是最麻煩的事。這就是爲什麼，媒體上經常看到，這兩國在匯率、貿易、產業、氣候、安全與政治議題上都有爭端，而當爭端好不容易平息，過沒多久又再度出現。

對大國來說，這樣的結構的確相當令人困擾；維繫雙邊關係的成本增加，意味著雙邊關係的維繫有所困難。不過，大國之間麻煩的戰略結構，反而是小國千載難逢的發展機會。歷史上已經有無數次的經驗證明，當強權處於零合競賽，強權周邊的小國只能選邊站，但是當強權處於雙贏競爭，小國不但不必選邊站，還可以偶爾享受被兩強拉攏的好處。

然而，在此要強調的是，強權之間的競賽到底是屬於零合還是雙贏，絕不是小國說了算。讓我們用生活化的例子來比擬：你在街上散步，突然看到有兩個大個頭分別從不同方向而來，且正朝著彼此所在的位置前進。這兩個大個頭明明知道對方的存在，也知道再往前走下去就會撞到彼此，但不知怎地，他們一路向前直走，眼看著就要撞上了。

被迫零和？創造雙贏？

這時，身為路人的你，要好好思索接下來會發生什麼狀況。第一，兩個大塊頭必然會發生碰撞。第二，發生碰撞後，你也必然會被捲入。接下來就得設想下面幾個狀況，首先，這兩人相撞之後，會起口角嗎？其次，在相撞之後，兩人會開始互爆粗口、甚至動手打起來嗎？表面上看來，這些情況好像是兩個大塊頭相撞之後一定會發生的結果，但事實上，答案卻是否定的。

為什麼？讓我們再還原現場一次。當兩方撞上彼此時，一定會有以下的反應：打量一下彼此的塊頭。如果塊頭相差太大，強者動手就對了，因為贏面很大。但相反的，如果兩方的實力落差不大，或即使有落差，卻不確定打起來誰會贏，反而會演變成兩方的互相試探、甚至進一步的口角衝突。其實，有時候人們的確得透過口角衝突，才能確認自己下一步要怎麼做。除非確定另有幫手，否則兩個實力相差不大的人起爭端，是不該貿然採取行動的。

事情的轉折，就在這裡。如果雙方要透過口角衝突，才得以判斷自己該不該動手打架，那就代表在雙方的腦海中，已經出現一些盤算：

首先，如果要動手打架，會需要更強烈的理由。例如對方使用更多挑釁、刺激的字眼，甚至表現更直接的行為，讓另一方受到進一步的客觀傷害。只有當對方出現更強烈的侵犯舉動，才能確認確實有惡意，如此一來另一方才師出有名，得以做出更激烈的回擊。（古今中外許多戰爭，開打之前要由雙邊主帥互相叫罵，道理即在此。）

其次，如果眞的要打，怎麼打才會贏？雙方的武器又是誰的比較強？如果無法比較武器實力的差距，那麼又會是誰最耐打耐撞？當雙方可能起衝突時，這幾個問題一定會考量好幾遍，因爲誰都希望以最小的代價取得最大的成果。

最後，如果打不贏，或是打贏得付出的代價太大，又該如何退場？兩強的關係到底是衝突還是和平，都取決於上述這些判斷的結果。如果雙方還在蒐集資訊，無法確認到底要不要動手，就代表還沒有對彼此做出關鍵性的判斷，自然也不會有關鍵性的舉動。

這時候身爲路人的你，要做的判斷如下：

第一，絕對不去指稱誰對誰錯。在兩個大塊頭面前，如果你硬要指出誰對誰錯，那麼時間就會證明你才是錯最大的那個人。第二，趕緊替雙方找下台階，只要你嗅出雙方不想有所衝突的氛圍，一定要趕快找個台階幫當事人下台。如果不幫忙找下台階，那麼等事情鬧僵，當事人就會開始要你選邊站了。

強國的戰略模糊，創造了小國的生存空間

其實我們相當清楚，路人能做的事就是如此；既無法阻止雙方的碰撞，也無法主導雙方關係的演變。路人在這中間能扮演的角色，除了勸和，就是沉默，至於這兩方最後到底是戰是和，關鍵在於他們的主觀判斷，而不是路人的主觀願望。

這種情況反映在中、美關係上最是巧妙不過。由於這兩國都還在蒐集彼此的戰略意圖，在做出最終決斷之前，不會有關鍵性的動作。所以無論是位居亞洲還是拉丁美洲的小國，能做的就是盡量避免選邊站，以免增加大國誤判的風險。

了解對方的眞實意圖，不但有利於建立自身給對方的戰略判斷，更有利於日後長期利益的創造與維繫。以現實情況來看，就因爲中、美兩國在亞洲的客觀條

件落差很小，兩強在亞洲到底是戰是和，將需要一段漫長的「戰略摸索」。

在這段漫長的戰略摸索期中，中、美兩國的角色，就好像剛剛提到的那兩個大塊頭，已經在路上發生碰撞了，卻又彼此考量著到底是戰是和。雙方會不斷製造事端以測試對方的底線、了解對方眞正的意圖以及眞正的利益。**這段過程充滿衝突、但又不把雙邊關係說死的「戰略模糊」策略，才是當前中、美兩國在亞洲最佳的相處方式**。

雖然這樣的狀況容易讓人聯想到冷戰時期，但是中、美之間的「戰略模糊」，與冷戰期間美、蘇之間的「戰略清晰」有根本上的差異。在戰略清晰的國際結構下，兩強之間的關係是明確的，要不就是敵人，要不就是朋友；大國只能擁有一個方向（敵人或朋友），小國自然也只能擁有一個選項（加入或脫離）。但是在戰略模糊的國際架構下，大國的關係可以千變萬化，所以小國也可以擁有不只一個選項，甚至還能悠遊在大國之間。

唯有保持戰略模糊，雙方才有互相試探與互動的空間。對中國來說，由各國共同領導的「多極化世界」最符合該國的利益。對美國來說，由美國所領導的「單極世界」，才是該國眞正的天堂。這兩國的利益從表面上看來彼此互相衝突，但事實上，由美國所領導的世界體系，與包含美國在內的多國共構多極體係，在許多面向上未必衝突，所以對中國來說，這兩個選項也未必會損害中國的利益。

現在中、美兩強之所以能維持和平，就是因爲雙方在「各國領導的多極」與「美國領導的單極」之間，還是可以找到交集，所以中、美的關係是零和、雙贏、多贏兼具，對周邊國家來說，只要兩國沒有給對方眞正的意圖做出戰略判斷，戰略模糊的環境反而爲所有當事國創造了最大的緩衝空間與利益。

這就是中、美兩國在亞洲較勁時，環印度洋周邊國家得以取得發展機遇的關鍵。了解中、美兩強在亞洲的戰略模糊後，再來討論周邊國家的發展與互動，輪廓就會更清晰。美國最大的戰略利益在中東與亞洲，中國最大的戰略利益在亞洲，兩者交會的地方就在印度洋，所以中、美兩國在這裡也會投入最多的資源以維繫自己的優勢，而這所有財富與權力的關鍵引爆點，就在麻六甲海峽。

2 突破麻六甲困境，珍珠鏈戰略浮現

目前全球的貿易總量約有九五%來自海上運輸，而全球的石油也有一半以上仰賴海上運輸。若沒有陸上油管的鋪設，海洋運輸就是各國對海外能源需求唯一的載具。由於來自中東與非洲地區的石油，都必須穿越麻六甲海峽才能運抵亞洲，而且到了二〇二〇年，經過麻六甲海峽的石油預計將高達每日二千萬桶，再加上中國有近六〇%的石油進口都得穿越麻六甲海峽，因此對中國以及其他東亞國家來說，麻六甲海峽對亞洲經濟的發展不但相當重要，以後還會愈來愈重要。

然而，目前掌控麻六甲海峽這個關鍵能源運輸要道的，卻是美國海軍。之前已經提到，對日本和韓國來說不存在麻六甲困境，對中國來說卻有，關鍵就在日本和韓國是美國的盟國。然而問題也來了：中國到底是美國的朋友，還是敵人？在找到答案之前，美國只能以不安的心情，透過對話與試探來蒐集資訊。當然，美國之於中國，戰略困境也是一樣的（圖4-1）。中國得避免把自己的能源運輸安

圖 4-1 麻六甲海峽攸關亞洲能源運輸安全

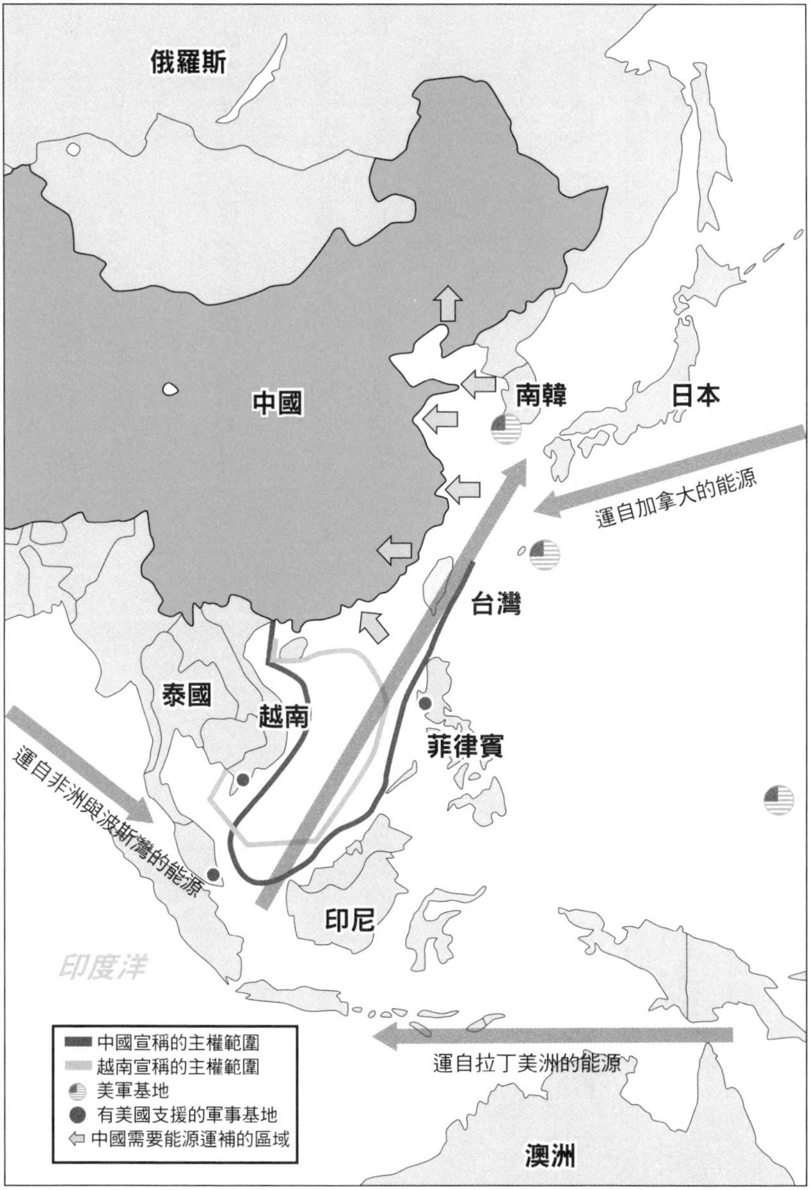

全，建立在美國友善的政治意願下。突破麻六甲困境，就是中國經營印度洋的開始，而這樣的經營已經進行了十多年，在略有所成的情況下，其他強權也紛紛加入印度洋的利益爭奪戰。先從南亞看起。

中國透過珍珠鏈戰略經營南洋

爲了降低麻六甲海峽的能源運輸風險，中國勢必要降低麻六甲海峽的重要性。本書第二章提過的珍珠鏈戰略，反映的不只是中國對印度洋的企圖，更代表南亞國家已經認知自己正處在中、印能源爭奪賽的制高點（圖4-2）。

自二〇〇三年起，中國提供四億美元的援助，建設位於巴基斯坦西南部的瓜達爾港。除了這座港口外，巴基斯坦的許多基礎建設工程也由中國包辦，在連續四年的建設下，瓜達爾港已於二〇〇七年三月二十日完工。中國也在瓜達爾港和阿拉伯海之間的帕斯尼港（Pasni）設立電子監聽站，以監控美國和印度海軍在瓜達爾港和阿拉伯海的動態。妙的是，巴基斯坦自己也提議建立「中巴能源走廊」，把從中東與非洲出口的石油，透過瓜達爾港經陸路運輸送到新疆的喀什。所以從地緣上可以看到，瓜達爾港是中國在南亞地區石油進口的中繼站，因此巴基斯坦是中國珍珠鏈戰略中的第一顆珍珠。而中國在巴基斯坦的經營有成，也讓巴方在二〇一三年初，正式把瓜達爾港委由中方經營。

第二顆珍珠在緬甸。二〇一一年，歐美各國已經因爲翁山蘇姬的當選國會議員與緬甸軍政府承諾民主改革，取消了對該國的經濟制裁，但是一直以來，緬甸因爲歐美各國長期的制裁，在經濟上被迫向中國靠攏。在緬甸的許可下，中國早已興建了實兌港，也在可可群島（Cocos Islands）設立情報站，並在海恩（Hainggyi）、皎漂

圖 4-2 中國在珍珠鏈戰略上的目標國與據點

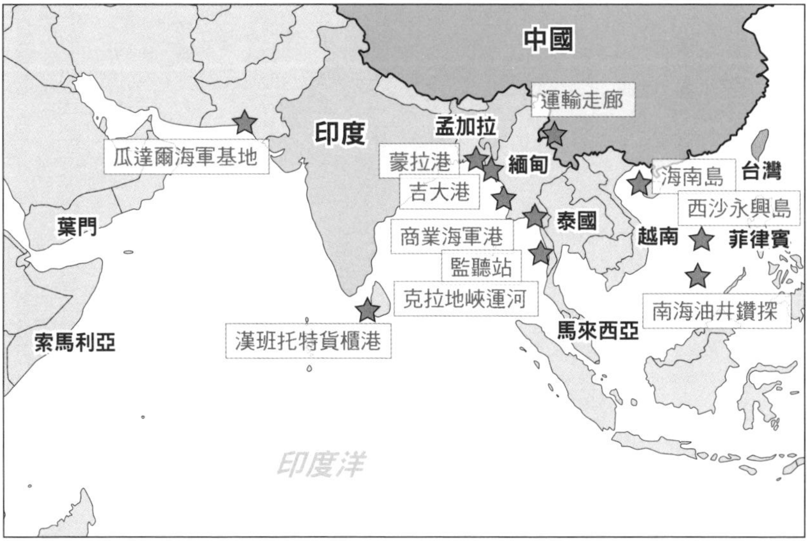

（Kyaukpyu）、金島（Kyun）、墨吉（Mergui）與紮迪基（Zadetkyi）等地，進行空中雷達與海軍設施的建設，以支援中國海軍在印度洋和安曼海域的活動。

不只是基礎建設，中國海軍透過提升緬甸海軍的裝備，等於在印度洋可以取得後勤基地。中國和緬甸也正在修築一條長達一千五百公里、可直通印度洋的中緬石油通道，從實兌、皎漂、丹兌（Sandoway）和松丹這四個港口擇一作爲起點，穿越緬甸後再進入雲南的端麗，最後運抵四川的昆明。當然，沿途的港口設施與鐵路規畫，也都在雙方政府的合作下逐步完工。

第三顆南洋珍珠落在斯里蘭卡。這個國家長年受到內戰的侵擾，在中國的支持下，「泰米爾之虎」的勢力已在二〇一〇年被徹底根除，也使得中國的勢力得以深入斯里蘭卡，並在該國的漢班托特港（Hambantota）興建基礎設施。工程的第一期已經在二〇一〇年十一月完工，漢班托特港也成爲該國僅次於柯倫波（Colombo）的第二大港，如果漢班托特港全部的三期工程順利在二〇一五年完工，屆時將成爲全球最大的港口之一。當然，中國也在該國的第一大港柯倫波積極投入基礎建設，使得斯里蘭卡的主要港口幾乎都有中國的勢力。

第四顆珍珠在孟加拉。該國東南部的吉大港（Chittagong）不但位在印度東方，更是孟加拉最現代化、也是最重要的經濟中心，而中國目前在這個港口興建了貨櫃港，並且加強了與孟加拉的海事與商業關係。倘若未來中、孟兩國的關係更形深化，中國等於可以在孟加拉的吉大港堵住印度海軍東進的去路。

泰國也是中國突破麻六甲困境的國家之一。特別是泰國與日本、中國兩國合作開發的克拉地峽運河（**Kra Isthmus**），可以讓石油航道避開麻六甲海峽，從印度洋的安曼海直接進入太平洋的泰國灣，之後再走陸路或南海運抵中國。所以泰國是中國珍珠鏈戰略中的第五顆珍珠。

除了環印度洋各國之外，在南海上，中國也翻修了屬於自己島嶼上的公共設施。例如在永興島興建機場、加強探油平台和海調船的數量、在永署礁興建軍艦碼頭、增建亞龍灣綜合性軍港、擴建位於海南島的三亞海軍基地等，都是中國經營南海的方式。

儘管中國這些做法，目的都在降低麻六甲困境對能源運輸的限制，但是包括中國官方，以及被外界視爲珍珠鏈戰略一環的當事國，都否認珍珠鏈戰略的存在。例如中國在斯里蘭卡大肆興建港口，雖然引發了懷疑者的關注與批評，但斯里蘭卡總理賈伯克薩卻強調這一切都是「商業行爲」，不但與政治無關，也否認斯里蘭卡是中國珍珠鏈戰略的一個棋子。

印度也串起自己的珍珠鏈

另一方面，西方媒體透過嚴謹的分析與比較，指出所謂的珍珠鏈戰略，雖有存在的事實，但是並沒有存在的指涉；意思就是，從軍事的角度來看，中國在印度洋各國所興建的港口工程，多數都是碼頭與裝卸等基礎工程，沒有一個是軍港，而且中國海軍目前也沒有多餘的能力在這些海外港口駐紮，更別提維繫一個海外軍港在政治與經濟上要付出的成本。所以即使是西方國家，也有一派聲音主張對珍珠鏈戰略不必大驚小怪。

但印度可不這樣想。如果中國經營印度洋是爲了降低麻六甲困境的風險，那麼印度經營印度洋就是要避免中國在印度洋的勢力蓋過印度。畢竟對印度來說，中國在印度洋上串起親中國的珍珠鏈基地，必然會威脅到印度的發展，所以儘管中國和當事國都否認珍珠鏈戰略的存在，印度仍開始積極在孟加拉、斯里蘭卡、甚至伊朗等地，與當地政府共同興建基礎工程，甚至在印度洋更南端的馬達加斯加、模里西斯與塞席爾群島建立電子監聽站，寄望透過與當地國家的合作，降低中國對這些地方的掌控（圖4-3）。

所以，印度不但在國際上大肆鼓吹中國珍珠鏈戰略的威脅性，更在中國之後積極擴大對非洲產油國的投資，而且在中東，印度對伊朗核武議題也不再以美國的意見爲依歸，不但在國際上反對單方面對伊朗制裁，更在歐洲國家對伊朗展開石油禁運的同時，增加對伊朗的石油購買與政治支持。印度在二〇一二年一至四月，每日從伊朗進口四三．三萬桶石油，不但在數量上遠遠超過中國的二五．六萬桶，進口量也比二〇一一年第一季增加了二三%（資料來源：

圖 4-3 中、印兩國的印度洋珍珠鏈競賽

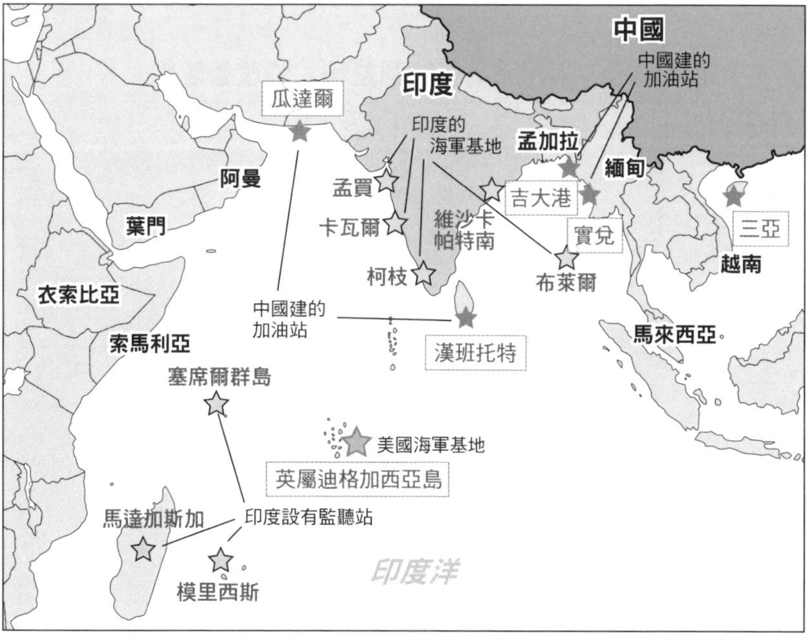

Petrologistics，二〇一二年四月十三日），成爲伊朗最大的石油買家。這一切的舉動，自然讓環印度洋周邊國家，在經濟發展上多了中、美之外的選項（圖4-4）。

從南海到東南亞，再從東南亞穿越麻六甲海峽到印度洋，甚至包含伊朗在內的中東與非洲等地區，都在中國和印度雙方的經營之下，成爲大國競逐能源運輸路線安全過程中最大的受惠者。環印度洋上所謂的珍珠鏈攻防戰，雖有中、印雙方在政治與經濟發展上的戰略意涵（表4-1與圖4-5），但經濟發展的功能更不容忽略，而且對這些小國來說，既然大國都還沒有撕破臉，

圖 4-4 印度洋是中國和印度在能源運輸上的重疊之地

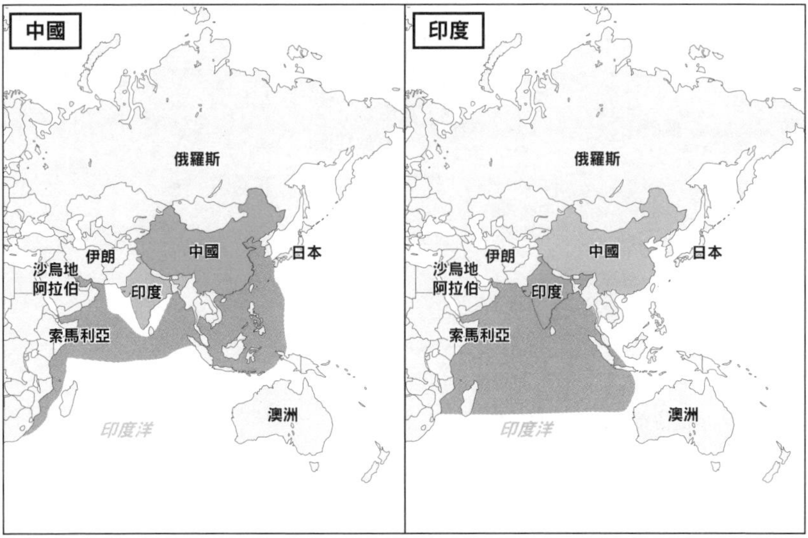

自己也就不必急著表態。對於所謂的珍珠鏈戰略，這些小國不但沒有抗拒，反而還希望自己具備成爲大國手中「珍珠」的潛力。

表4-1 中印關係癥結點

資源爭奪	為供應經濟發展所需，兩國不斷在全球爭奪資源和糧食，目前印度暫居下風。
雙邊貿易	中國是印度最大貿易夥伴，雙邊貿易二〇一一年突破七百億美元，但印對中貿易逆差近十年暴增近二十五倍至二百五十億美元，出口仍以鐵礦砂等原物料和低階商品為主，進口則以高價的工業產品為主。
邊界糾紛	一九六二年爆發邊境戰爭至今再無戰火，但兩國在喜馬拉雅的領土糾紛始終未獲解決。
外交關係	中國對印度給予西藏精神領袖達賴喇嘛政治庇護，始終耿耿於懷。

資料來源：路透社

圖 4-5 龍與象的經濟競賽

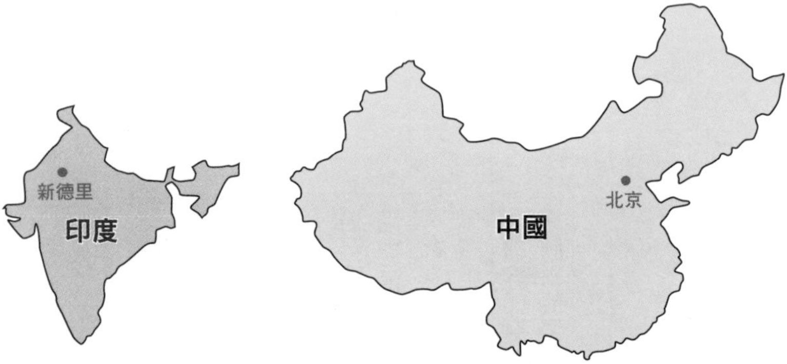

	印度	中國
人口	12億	13.4億
人口中位數	26.2歲	35.5歲
識字率	61%	92%
勞動人口	4.78億	8.15億
GDP（PPP）	4.06兆美元	10.09兆美元
出口總額	0.23兆美元	1.58兆美元
進口總額	0.36兆美元	1.33兆美元
外匯儲備	0.29兆美元	2.88兆美元
2010年通貨膨脹率	12.0%	3.2%
網際網路使用人口	0.61億	3.89億

資料來源：《經濟學人》

3 地緣優勢無可取代，東協市場左右逢源

除了印度洋上的珍珠鏈戰略之外，位居印度洋東方的東協各國，也成為中國克服麻六甲困境的試驗點。先前已經提過，中國對南海議題的主張，向來是該國與東協各國關係好壞的關鍵。隨著美國勢力的淡出，以及中國勢力的提升，中國對南海的主權議題，與過去相比有了明顯的轉變，而這樣的轉變，替美國製造了重返亞洲的藉口。在這當中，讓哪一方的勢力主控亞洲多一點，正是東協各國在國際上可以與中、美兩強議價的籌碼。

在此要強調的是，同樣都是大國的相互拉攏，中、美兩強對東協的強力作用，絕非世界上其他地方的強權競逐所能比擬。例如在非洲，新舊強權紛紛競逐經濟利益，可是在政治與安全利益上，非洲目前對大國的可利用價值卻不高。這是因為除了非洲的地理位置相對偏遠，占全球GDP微不足道的經濟規模，也讓非洲國家暫時無法擔任列強爭鋒的槓桿。對非洲國家來說，經濟發展的前景並沒有

政治上的阻礙，所以在國家經濟實力尚未達到一定的規模時，不需顧慮大國的戰略利益。

至於東協卻不是如此。在冷戰期間，東協就是美國圍堵蘇聯和中國共產勢力東擴的一道牆，菲律賓、新加坡甚至都還有美國的駐軍；共產越南在一九七八年與中國有過一戰，再加上華人移民在東南亞地區所握有的龐大經濟實力，使得東協各國政府對華人政治勢力相當警覺。在這種歷史作用的累積下，東協國家對中國勢力的擴張本就容易不安，更何況相較於中國的「大」，東協各國明顯要小，所以除了自身團結之外，引入外部勢力來平衡中國，才是最讓東協各國安心的結構。

東協在中、美兩強爭鋒過程中之所以如此重要，就在於當東協整合成一體，其政治與經濟規模便不容忽視。表面上看來，東協只有十個國家，土地面積也遠遠不如非洲，但是因為東協整合後的經濟規模夠大，而且在亞洲也擁有關鍵性的地緣優勢，所以才能夠在中、美兩強之間如魚得水。中、美的平衡就是東協經濟發展的保證，如果哪一天這個平衡破壞了，東協的發展機遇也就正式宣告終結。

新加坡前總理李光耀曾公開指出「歡迎美國勢力進入亞洲平衡中國」，並且補充：「我之所以這樣講，不是因為我是華人或我反華，而是因為我代表新加坡。我的國家利益，就在於太平洋地區應該保持平衡。」對新加坡來說，中、美兩強在亞洲取得平衡，區域才會穩定，穩定的區域環境對小國才最有利。

不過，這種平衡也是最難拿捏的。既然美國和中國在亞洲仍處於戰略摸索期，搞不清楚狀況的小國反而會有誤判的風險。

以二〇一二年中、菲雙方對黃岩島議題的主張爲例，當時菲律賓自認可以依據〈美、菲共同防禦條約〉，誘使美國進入與中國對抗的圈套，剛開始美國還樂在其中，但是當中國下達最後通牒，並準備不惜與菲律賓開戰，美方才察覺苗頭不對，趕緊踩了剎車。事後，不但菲律賓被美方澆冷水，其他東協國家對菲律賓的處境也頂多是同情，而不是支持。由此可見，中、美兩強在亞洲的和平穩定，才符合東協最大的利益，即使破壞這種穩定的是自己的成員（菲律賓），也不會得到區域內成員的支持。

只要了解這個原理，我們對東協地區經濟與投資的看法，就不會被投資銀行與資產管理公司牽著走。從國內所有資產管理公司提供的，與東協相關的投資資料來看，東協各國好像是分開的，例如泰國的工業出口、設計服務，新加坡的生技醫療、港口轉運與觀光博奕，印尼與馬來西亞的天然資源與人口優勢，以及緬甸的改革商機與礦產森林等。表面上看來，這些國家的經濟發展各有千秋，但是撰寫投資報告的人卻忘了，少了中、美兩強的和平共處，東協國家的產業優勢便無法發揮。畢竟印尼和馬來西亞的棕櫚油是賣到中國，新加坡和泰國的電子產品是出口到美國和歐洲。即便是內需比重最高的印尼，也得仰賴中國和美國的境外投資，以及中國對棕櫚油等天然資源的穩定需求，經濟才能持續起飛。所以，政治永遠是最大的經濟，這句話套用在東協經濟體上，一點也不為過。

幸運的是，中、美兩強現在正處在平衡與制衡的尷尬處境，即使雙方偶有爭端，總是可以設法解決，而且在過程中，這兩國還摸索出另一套互動方式。例如中國過去花最大心力投入的緬甸，在二〇一一年熱情擁抱西方資本、甚至中斷與中國的水壩合作之後，中國對當地的支援並沒有停止。另外，與中國經濟關係密切的柬埔寨，雖然與西方資本較為親近，但是在二〇一一年首度成立的證交所，背後卻有中國的影子。

東協也開始努力走出自己的路。這些國家開始放下了多年的隔閡，在聯合國和中國的資助下，積極興建泛亞鐵路（圖4-6）。鐵路不但可以分別連結中國和印度，範圍更涵蓋整個中南半島，甚至向南一路延伸到新加坡。未來這個鐵路網一旦完成，不但有助於東協基礎建設的起飛，更可以替中南半島的東協國家開創經濟發展的機會。根據亞洲開發銀行（ADB）的預測，今後十年亞洲建設世界水準

圖 4-6 泛亞鐵路詳細規畫方案

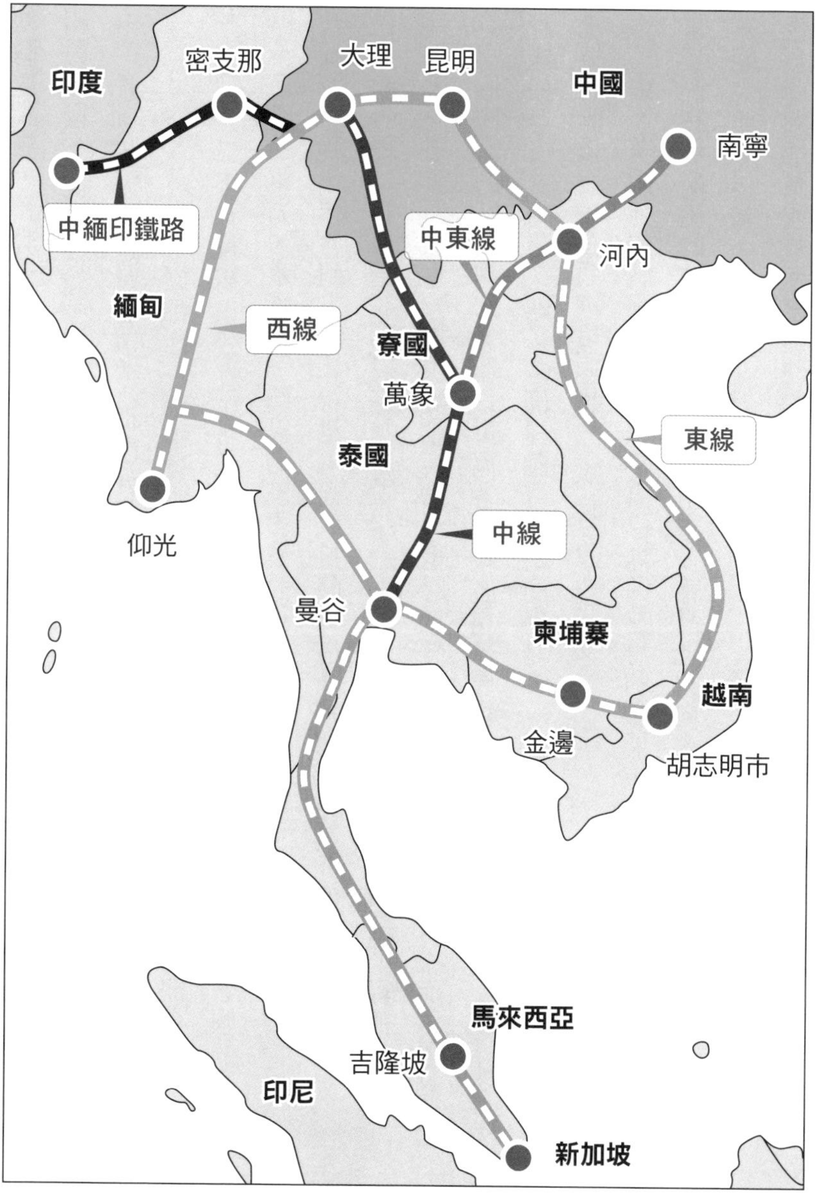

的基礎設施，預計還需要八兆美元，其中光印度一國就需要一兆美元；基礎建設相對滯後，已經成爲制約亞洲經濟增長的重要因素。像是印尼企業的平均運輸成本，就占其總收入的三○%，從國外進口的商品甚至都比印尼本地的產品便宜。

另外，針對東協各國在基礎建設上存在的資金缺口等問題，亞洲開發銀行在二○一二年五月初正式宣布將啓動「東盟基礎設施基金」，爲東盟各國的公路、鐵路、電力、水資源等關鍵的基礎建設提供資金支援。目前該基金已有四．八五億美元，預計到二○二○年可向成員國提供高達四十億美元的貸款，並帶動總額約一百三十億美元的基礎建設投資。其實基礎建設投入不帶有明顯的商業性，因此很需要靠官方提供資金援助、低息或無息貸款。目前外部資金並不能滿足東協國家的巨大需求，所以東協各國政府還需要從自己的財政預算中，藉由發行國債等方式籌集。除了基礎建設帶動的商機之外，因銀行與政府融資所帶動的東協各國債券，也成爲這個趨勢下的投資新焦點。

中、美兩強的戰略模糊，帶給東協地區難得的發展機遇，更重要的是，無論是美國在戰略上的重返亞洲，還是中國在經濟上的向內需轉型，都需要東協各國才能完成。這種水幫魚、魚幫水的結構，不但讓東協地區成爲繼中國和印度之後，亞洲地區成長速度最快的經濟體，也由於東協地區「低基期」的優勢，不必付出轉型的代價就能享有經濟高速成長的果實。從投資的角度來看，這種中小型經濟體，反而比傳統的金磚大國更具吸引力！

4 非洲大金磚，新舊強權爭相搶灘

在窺探了印度洋南方與東方的投資機會之後，現在來看看印度洋西方的非洲。在這塊大陸上，一場明爭暗鬥的大國競逐正在展開。不過，如果說列強在南亞與東協地區的競合，是環印度洋上博奕大戲的主角，那麼位於印度洋西側的非洲，只能說是這場大戲的配角。

非洲是配角主要有兩個原因。第一，它的地緣位置並非關鍵，第二，它在全球經濟議題上欠缺主導議題的能量。不過我們也不能因爲它是配角就不去關心，畢竟天然資源豐富且內需消費持續擴大的非洲，是跨國企業揮灑的最佳舞台。而且非洲有超過五十個以上的國家，如果能好好經營，無論在政治還是經濟上，非洲都會是強權進行權力競逐時最好的支援。

即使對台灣來說，非洲在未來的角色同樣不容忽視。台灣有不少邦交國在非洲，從過去到現在，台灣在外交戰場上最大的優勢也在非洲，所以當別的國家都在積極經營非洲時，台灣沒有不重視它的道理。此外，在中國長期的經營下，非洲幾乎處處可以見到中國勢力的影子，也因此讓非洲成爲全球主要企業競爭最激烈的舞台。非洲的中產階級得以起步，消費品支出的金額能夠逐年增長，靠的也就是企業布局的持續深化。當然，隨著企業合作的深入擴大，相關產業所延伸出的商機將會愈多，這種大環境結構的改變，爲台灣企業在非洲開了一扇機會之窗。

爲什麼是機會之窗？從產業面來看，非洲多數國家的產業與台灣仍然存在著落差，而且非洲的中產階級才剛剛興起，基礎建設也同時起步，無論是在當地從事基礎工程的營建，還是消費零售的開發，台灣企業和非洲企業都有合作的空間，所以台灣在經濟發展與產業轉型的道路上，沒有不好好「利用」非洲的道理。

更重要的是，對台灣企業來說，非洲不只是一個可以讓企業發展的舞台，更是台灣可以和中國展開新一輪經貿互動模式的機會。隨著兩岸經貿合作的深化以及中國企業的轉型，台灣企業要在中國內部取得優勢已經愈來愈難，比資金、人力、地緣優勢，台灣企業很難在中國與當地的企業競爭，又何況是國際上一級的大企業。而且隨著中國本土企業的轉型，台灣企業對中國企業的技術優勢也已經明顯縮小，台商在當地的地位大不如前。根據統計，二〇〇二年台商占中國所有外來投資的比重約有七．五%，但是到了二〇一一年，比重已下降至只剩下一．三%（這段期間外國投資在中國仍持續成長）。所以，非洲這扇機會之窗對台灣企業最大的意義就在於，它是台灣企業可以擺脫對中國企業零和競爭的平台。

對台灣來說，非洲非常的遙遠，但隨著馬英九總統進入第二個任期，未來無論台灣是由哪個政黨執政，都無法逆轉兩岸和平交往的大趨勢。所以儘管兩岸和平與穩定的機制仍未建立，隨著經貿合作的日益深化，兩岸建立制度性的穩定架構其實也只是遲早的事。說穿了，只要兩岸制度性的穩定架構可以建立，就是台灣企業可以放手一搏的機會。台灣如果擔心雞蛋放在同一個籃子裡風險太大，不妨與中國企業一同開拓非洲商機，一來可以讓兩岸的經貿合作擁有國際性的戰略高度，二來也可以提供台灣企業「走出去」的機會，更多與對岸及世界接軌的機會。

非洲：資源比地緣更重要

非洲之於環印度洋的重要性，不在關鍵的地緣，而是在豐富的資源。例如以西非為主的非洲石油蘊藏量雖然只占全球的一〇%，但出口卻占全球一八．八%，是僅次於中東的第二大產油區。另外，非洲的白金產量更占全球的八〇%以上，其中光是南非就占了七九．九九%，辛巴威占二．四一%。而在鑽石產量部分，非洲的剛果、安哥拉、幾內亞、波扎那、南非等國，也占了全球產量的五三．一四%（資料來源：BP Statistical Review of World Energy，二〇〇九）。

比較有趣的是，隨著列強企業的大舉進入，非洲可開發的資源似乎也愈來愈多，地區也不再僅限於傳統的西部非洲與南部非洲。例如在二〇一二年五月十五日，美國獨立石油公司阿納達科（Anadarko）宣布在東非的莫三比克，以及該國靠近印度洋的區域，發現儲氣量達三十兆立方英尺的大型氣田。一天之後，義大利石油公司埃尼也宣布在該國發現新的天然氣資源，初步勘探結果顯示儲氣量達十兆立方英尺，使得埃尼這家公司在莫三比克發現的天然氣，總量已經達到不可思議的五十二兆立方英尺，足夠讓法國、德國、英國和義大利等四國連續使用五年。

另外，英國天然氣集團（BG）也在同年五月十六日宣布在東非的坦尚尼亞發現天然氣，而在此之前，英國圖洛石油公司繼同年三月在肯亞首次發現石油之後，又在該國發現了新的石油儲量，使得肯亞目前的石油總儲量已超過另一個產油大國烏干達。英國《經濟學人》雜誌就因此評論指出，長久以來東非的能源地位難以與西非相提並論，但在多國企業的開採之下，現在世界能源的版圖上卻不能沒有東非。

隨著中東等傳統能源輸出基地出現動盪，非洲的能源地位將得到進一步的提升，而東非在能源上的巨大發現，將牽引非洲的新一輪石油開發熱潮。目前已確認擁有可觀油氣儲量的東非國家包括索馬利亞、莫三比克、坦尚尼亞和肯亞，其中又以互為鄰國的莫三比克和坦尚尼亞最受業界看好。特別是莫三比克雖為世界上最貧窮的國家之一，其天然氣儲量卻高得驚人。有媒體報導指出，光是埃尼和阿納達科這兩家石油公司，目前在莫三比克近印度洋區域所發現的天然氣，總價值已超過八千億美元，相當於莫三比克當前GDP的三十六倍。

石油經濟永遠受地緣影響

英國路透社發表過評論，認為非洲的油氣資源與亞洲市場會有很好的契合點，因為這裡的石油可以經過印度洋直接運往亞洲。坦尚尼亞、莫三比克等國已著手興建相關的基礎工程，為未來打入亞洲市場做準備。由此可見，不只是西方和中國，未來也會有愈來愈多的亞洲國家與非洲展開合作，印度洋上的石油運輸路線會愈來愈繁忙，而各國在這當中所衍生出的合縱連橫，也會愈來愈精采。

除了地下可以開挖的傳統資源之外，列強眼中更誘人的資源在於土地和水資源。特別是在農作物受到極端氣候的影響下，全球第二大陸地板塊的非洲已成爲各國企業買地種糧與開發水利資源的地方。非洲的可開發水利資源占全世界的一〇%，但開發率卻只有八%。而目前全球前二十大水壩，沒有一個位於非洲。在糧食部分，根據美國農業部報告，未來十年全球耕地面積增加的主要地區，除了南美洲之外就是非洲。非洲現有耕地達兩億公頃，占全球耕地總面積的一三%，其中莫三比克的可耕地面積有三千六百萬公頃，但僅開發約五百一十萬公頃；尙比亞的可耕地面積達四千二百萬公頃，已開發的面積也僅占一四%。基於這些理由，非洲聯盟已將農業列爲經濟發展的第一重要目標。更有研究機構指出，南美洲和非洲耕地面積的增加，會使未來十年全球的糧食供應回歸平衡。

從這裡可以看出，非洲在關鍵資源上的地位已經逐漸提高，這也是列強近幾年來積極投入非洲，進而使非洲經濟創下史上難得一見高成長的主因。在廿一世紀的前十年，非洲各國的平均經濟成長率在四～八%，表現大幅超過所有的已開發國家，即便在金融海嘯期間，非洲經濟至少都能維持二%的正成長（圖4-7）。

圖 4-7 非洲國家近十年經濟成長分類

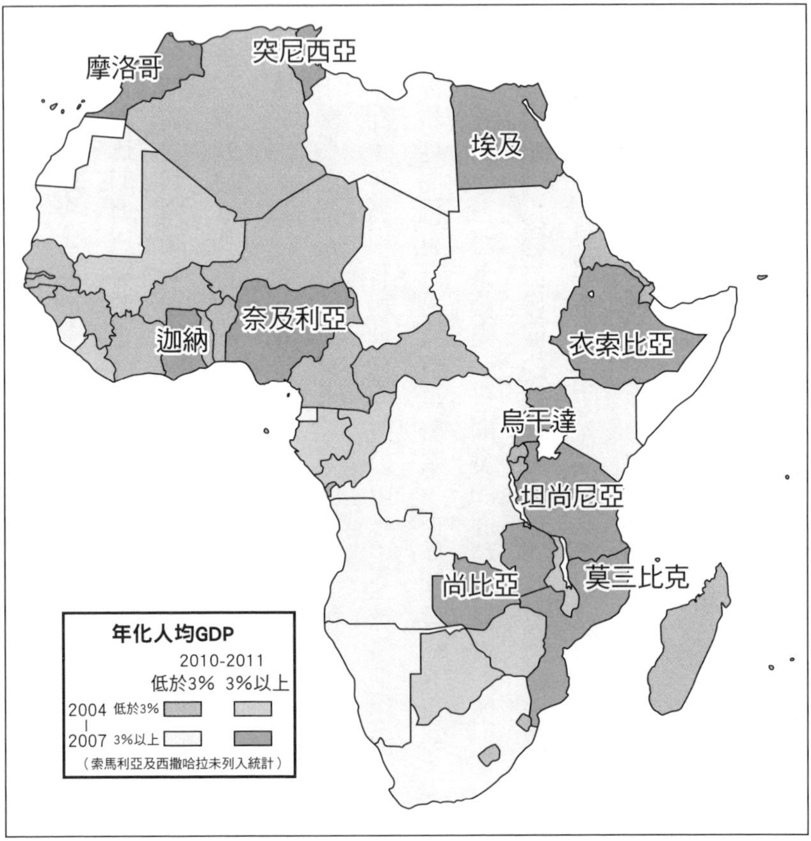

強權非洲價值競賽，新殖民vs.新發展

在多年的累積下，非洲經濟能有目前這樣的成就與能見度，與中國的大力經營脫不了關係（圖4-8）。從圖4-8中可以看到，中國和非洲的貿易量幾乎是呈直線式的增長。中國在非洲的經營可以如此快速，主要還是中國擁有「開發中國家的優勢」所致。雖然非洲國家對外國投資都張開雙臂歡迎，但是外資在當地耕耘成果的好壞，卻與不同的價值模式有密切的關連。

過去西方對非洲的經營，大多依循「援助」模式；在西方人眼中，非洲是「被施捨」的對象，即使在經貿合作上，非洲也是「被指導」的對象。在承平時期，西方的援助或許對非洲的經濟可以起到作用，但只要西方自己陷入經濟危機，對非洲的援助金額就會立即減少。即使西方對非洲經濟發展的貢獻不減，但若仔細

圖 4-8 中非貿易規模增長

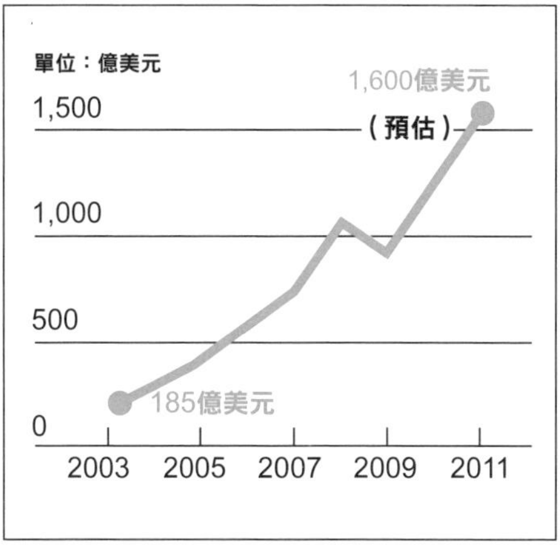

資料來源：IMF貿易流向數據庫

比較西方與非洲的貿易結構，就可發現雙方的貿易其實已陷入嚴重失衡。

例如在二〇一一年，美國與撒哈拉以南的非洲國家共同討論《非洲增長與機遇法》時，非洲代表當面向美國表明，該法案在經貿上的不對稱性與嚴格的附加條件，並沒有讓非洲國家在過去十年受惠。根據統計顯示，二〇一〇年美國從非洲進口的四百四十三億美元商品中，石油占了九一％，而其餘的九％大部分也都是礦產品；這樣的現實，導致美國在非洲的貿易和投資，只集中在奈及利亞、安哥拉、南非等石油和礦物資源豐富的少數五、六個國家，至於其他非洲非產油國的產品，即使有《非洲增長與機遇法》的優惠條件，但受限於各式各樣的非關稅壁壘，根本進入不了美國市場。非洲對美國的出口金額，遠遠超過美國對非洲的出口金額；這中間巨大的落差，反映著這層不平等的關係。

另外特別的是，在非洲工業產品水準仍不高的情況下，美國卻基於「自由貿易」的原則，要求非洲國家必須取消對美國商品的所有關稅保護；此舉雖然使美國的企業得以在非洲做生意，卻扼殺了非洲當地工業的成長。

反之，儘管中國也是要擷取非洲的資源，但是在雙邊的貿易額度中，石油與礦產等相關資源只占非洲對中國出口金額的六五％（遠低於美國的九一％）。即使同樣都要資源，中國並不像西方國家只照對自己有利的規則執行，例如中國在向安哥拉購買原油的同時，也積極參與安哥拉的戰後重建，修建了道路、電力、農業灌溉、學校等大量基礎建設。而中國在蘇丹、查德等國家開採石油的同時，也幫助兩國史無前例地建立起一整套石油工業體系。反觀尼日，這個國家雖然有九五％的石油探勘掌握在歐美企業手上，數字看似風光，但尼日至今就連最基本的燃煤也得靠海外進口。

更重要的是，中國在當地進行這些建設時，並不會像西方國家那樣，附帶政治與經濟的額外條件，特別是「民主化」與「透明化」這些西方奉為經濟發展的

圖 4-9 中國在2009年超越美國，成為非洲最大貿易夥伴

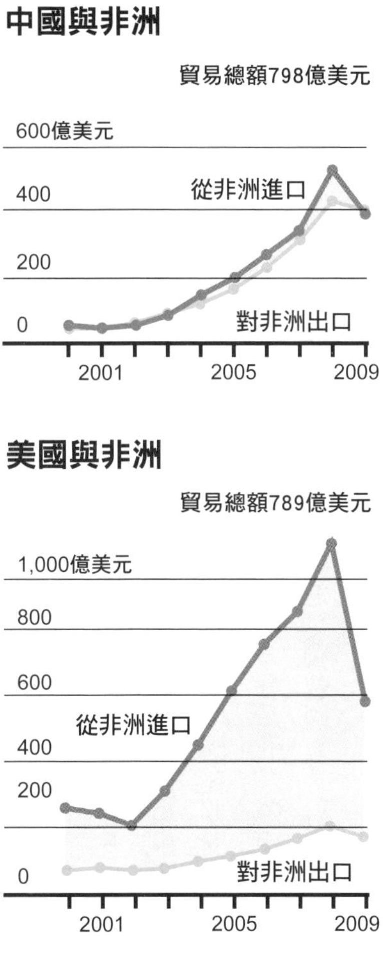

資料來源：IMF貿易流向數據庫

原則，並沒有成為中國和非洲經貿合作的前提。所以對當地政府來說，中國的做法非常「平等」，只要雙方在經貿上互惠互利，不去干涉對方的政治制度與社會價值，於是兩相比較之下，中國在非洲的耕耘自然可以後來居上（圖4-9）。

也難怪，歐美國家對中國在非洲的經營大大眼紅，有的甚至直指中國在非洲的作為有如「新殖民主義」。只不過這些西方大國都忘了，中國在非洲之所以受歡迎，是因為中國不會在幫非洲各國造橋鋪路的同時，拿民營化、私有化或民主化等作為交換的條件，所以在非洲無論是民主國家還是獨裁國家，對中國這樣的合作模式都大表歡迎（圖4-10）。

當然，非洲大陸雖大，發展卻極不平均；北非國家的經濟與歐洲連動甚深，西非國家對歐洲的依賴雖不如北非嚴重，但經濟發展卻極端仰賴礦石與森林出口，至於東非國家，其經濟成長雖然居非洲之冠，但多數國家仍在與貧窮及戰爭對抗。而身為非洲第一大經濟體的南非，雖然內需工業相對龐大，但若少了非洲門戶的這個角色，與其他新興市場相比根本毫無優勢可言。可見儘管非洲的故事相當誘人，連列強都紛紛來此地分一杯羹，但這個在各方面都擁有巨大差異的大陸，未來在發展經濟的過程中，必然也會像中國一樣，伴隨著重複不斷的陣痛與掙扎（圖4-11）。

此外，擁有龐大的石油資源，到底對非洲國家來說是崛起的好機會，還是將爲此掉入「石油陷阱」，仍不得而知。儘管龐大的天然資源讓非洲不少國家成爲列強合作的對象，但能否因此使非洲邁入永續發展之林，則得仰賴非洲各國領導人的視野與格局。

圖 4-10 中國在非洲各國的經貿布局

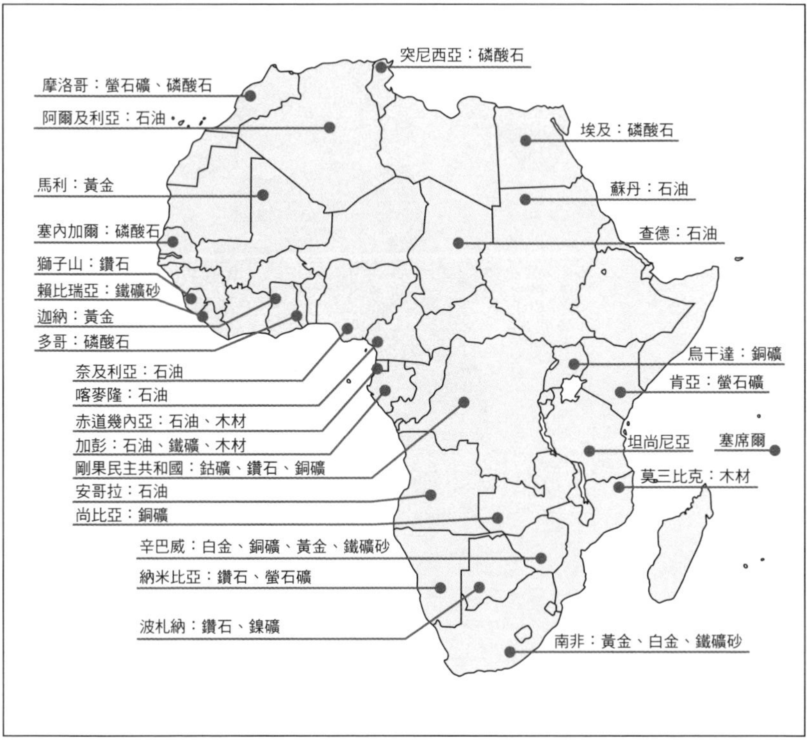

圖 4-11 非洲經濟成長速度較快的國家

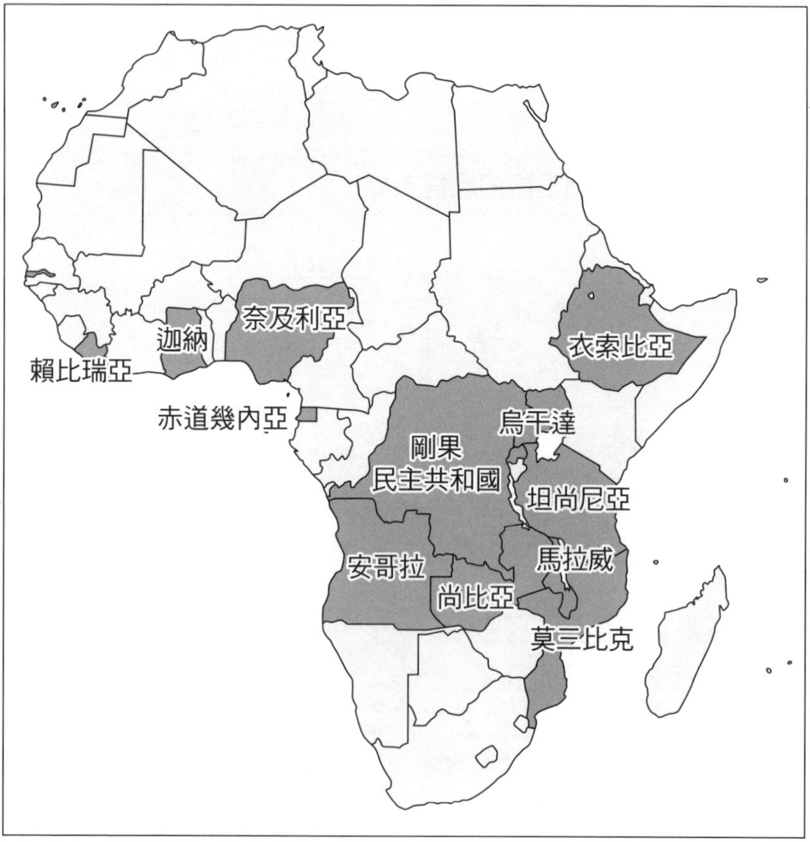

中國在非洲的成就引起列強跟進

中國在非洲經營有成，造就了列強前進非洲的動力。俄羅斯外交部在二〇〇九年宣布，基於《俄非協定》援助非洲的承諾，俄羅斯減免了非洲國家兩百億美元的債務。巴西國家石油公司計畫在奈及利亞的產油區擴大投資十億美元。礦業巨擘淡水河谷（CRVD）也計畫在莫三比克投入十三億美元開發礦產。另一個金磚大國印度同樣不甘落後，不但與非洲成立了《印非合作組織》，更計畫把雙邊的貿易額從二〇〇七和二〇〇八年的二百六十億美元左右，增加至二〇一二年的一千五百億美元，與中國一拚高下的意圖十分明顯。此外，韓國、土耳其等強勢的開發中國家，目前也正積極在非洲布局。

美國也加強了對非洲的合作。小布希政府在二〇〇七年二月著手成立「非洲司令部」（U.S. Africa Command），雖然因非洲國家抗議，迫使美國把「非洲司令部」設在德國，但從中仍可看出美國已提升非洲的戰略地位。民主黨掌權後，歐巴馬立刻指派國務卿希拉蕊訪問非洲七個國家，目的是爲了鞏固美國在這些國家的經貿利益。二〇一二年，在歐巴馬政府的主導下，計畫延長早在柯林頓政府時期就簽署的《非洲增長與機遇法》（該法案原定到二〇一五年截止），甚至還希望在二〇二〇年之前，可以將美國對非洲的出口金額增加兩倍。這個意義就在於，美國已經意識到與中國在非洲大陸上競爭的缺陷，並且願意改善。如果美國按照新版《非洲增長與機遇法》的精神走，將對非洲的出口金額增加兩倍以上，就代表美國經濟對非洲的影響力，可以從政府與掌握資源的國營企業，正式蔓延至民間企業，進而影響到當地財政與資源的分配。

接二連三的大國投資，已經讓非洲成爲大債時代下少數經濟可以持續增長的亮點。在二〇一一年初預言全球經濟將因「去槓桿」而步入「溫和崩壞」的日圓先生神原英資就指出，靠著強大的中產階級人口使消費內需增溫，在歐美去槓桿與新興國家受拖累的環境下，中東非洲地區因與歐美經濟連動較低，將得以出現高速的增長。即使是在歐洲揮舞信評大刀的標準普爾，二〇一二年當歐洲再度陷入政治動盪之時，不但反向積極看好撒哈拉以南非洲地區在二〇一二年的經濟發展，更認爲該地區當年的經濟增速將達到五．四％。因爲南部非洲經濟勝出的原因主要有三：第一是當地政府對公共服務領域的投資，第二是大量的商品出口，最後是與包括中國在內的新興經濟體的貿易往來。

5 貿易路線大翻轉，南方絲路開啓

由此可見，非洲的崛起也是因爲抓住了自身發展的戰略機遇。這個機遇就是歐美的經濟趨緩，迫使新興大國尋找更多的出口市場，而歐美國家也要透過非洲的槓桿，以抗衡新興大國的步步進逼。這裡有一個附帶效應，就是透過全球經濟結構的重組，讓非洲與拉丁美洲等傳統上被歐、美、日宰制的「南方國家」，在經濟發展上正式與中國和印度連結，形成一股開發中國家彼此間貿易擴大的結構。現在市場對這種現象已經有了一種新的稱呼：「南南貿易」（South-South-Trade）。

已經有數據可以提供佐證。根據我國中華經濟研究院、台灣WTO分析師蘇怡文在聯合國貿易與發展委員會（簡稱UNCTAD）發布的《全球投資趨勢監測報告》，儘管二〇一〇年全球開始受到歐債風暴的衝擊，當年的全球「外國直接投資」（簡稱FDI）流出量卻超過一．三兆美元，比二〇〇九年增加了一三%，其中開發中國家占全球外國直接投資流出總量的二八%，而此一比例在二〇〇七年美國次貸危機爆發前，比例只有一五%。

特別的是，開發中國家在二〇一〇年的對外直接投資流出量達三、一六〇億美元，比二〇〇九年還多二三%。相對於開發中國家的表現，歐、美、日等已開發國家在二〇一〇年的外國直接投資流出總量雖爲九、七〇〇億美元，但與二〇〇九年相比卻只增加一〇%。可見開發中國家的相互投資已經成爲趨勢，表現甚至超過了已開發國家對開發中國家的投資。

除了投資增加，開發中國家對彼此的貿易量也逐年遞增。根據經濟暨合作發展組織（簡稱OECD）的研究顯示，南南貿易仍在持續蓬勃發展中，相關國家的出口額共占全球貿易值的三七%，其中約有五〇%與南南貿易有關。包含中國和印度在內開發中國家對商品的需求，或是新興市場開始實施較好的財政與總體經濟政策並降低利率等，都造成開發中國家之間貿易的激增。經濟暨合作發展組織預估這股增長趨勢將持續下去，改變全球的貿易結構，例如已開發國家在九〇年代貢獻了全世界GDP的六〇%，但同樣都是六〇%，到了二〇三〇年，主角將會從已開發國家換成開發中國家。

匯豐銀行（HSBC）首席經濟師簡世勳在二〇一一年發布《南方絲路：南方

對南方的經貿交流飛速成長》報告，指出開發中國家彼此間的貿易趨勢已不可逆轉。例如在二〇一〇年，開發中國家占金磚四國的出口比重，中國是四七%，印度和巴西都是五八%，俄羅斯只有一九%；但是到了二〇五〇年，隨著開發中國家彼此間的貿易與投資增加，南南貿易占中國出口比重將會激升至七三%，占印度和巴西的出口比重更會增加至八三%，即使是距離歐洲最近的俄羅斯，開發中國家的貿易占該國出口比重也會達五〇%，這樣的數字與經濟暨合作發展組織的預估幾乎一致（圖4-12）。

於是，**全球最繁忙的貿易與投資路線，已從過去北方的美、歐、日，**

圖 4-12 金磚四國與南南貿易變化

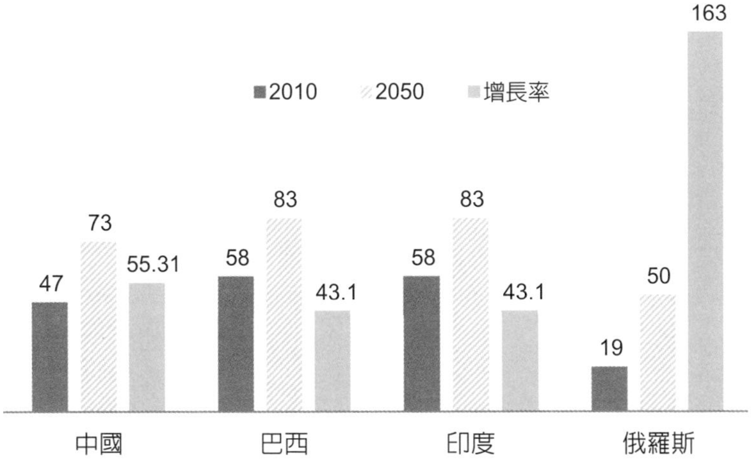

資料來源：匯豐銀行，〈南方絲路：南方對南方的經貿交流飛速成長〉，2011

逐漸南移到東南亞、南亞、西亞、非洲甚至中南美洲等南方國家，而在國際關係中，過去世人所熟知的「依賴理論」，甚至是「邊陲/核心理論」，也逐漸因南方國家貿易的崛起而受到顛覆；開發中國家的貿易翻轉，已經從現實蔓延到知識領域內。這樣的改變，促使我們重新檢視過去的理論與研究工具，以更新的視角去看待未來的新世界。

這種結構性的改變是有多重意義的。過去在全球資本與金融市場上，向來是有錢的已開發國家去投資貧窮的開發中國家，因此歐美的外資在開發中國家的經濟發展上，向來扮演重要的角色。但現在，雖然外資對開發中國家的角色還是一樣重要，但來自中國、印度和巴西的比重卻持續增加，顯示在未來全球的經貿議題上，由開發中國家與已開發國家來主導議題的趨勢會愈來愈明顯，甚至將進一步影響到貿易規則。

南方國家嘗試主導遊戲規則

開發中國家彼此的互惠與貿易，使相關市場獲致難得的發展機遇，這也讓相關市場的龍頭國家，在國際事務上展現出更大的自信。在國際賽事上，南非和巴西算是要角。南非在二〇一〇年主辦世界盃足球賽，讓非洲的投資能見度再度提高。巴西也成功申辦了二〇一四年的世界盃足球賽，以及二〇一六年的夏季奧運。在經濟事務上，南非開始以非洲的門戶自居，不但與中國、印度、巴西合組了「基礎四國集團」，也在二〇一一年正式加入成立三年的金磚四國集團，正式成為「金磚五國集團」的成員，使得南非在政治地位上得以與金磚四國並駕齊驅（表4-2）。

中南美的政經龍頭巴西，也開始以南美洲的代言人自居。二〇一二年初，總統羅塞芙出訪拉美世界中最貧窮的兩個國家：古巴和海地。過去在

表4-2 金磚五國基本資料

金磚五國人口合計超過全球40% 五國的國內生產毛額（GDP）合計占2010年全球總額18%				
巴西	俄羅斯	印度	中國	南非
人口1.93億	人口1.4億	人口10.2億	人口13.0億	人口4,900萬
2010年GDP 2.024兆美元	2010年GDP 1.477兆美元	2010年GDP 1.43兆美元	2010年GDP 5.745兆美元	2010年GDP 3,544億美元
經濟成長率 2010 7.5% 2011 4.5%	經濟成長率 2010 4.0% 2011 4.8%	經濟成長率 2010 10.4% 2011 8.2%	經濟成長率 2010 10.3% 2011 9.6%	經濟成長率 2010 2.8% 2011 3.5%
注：2010年美國GDP為14.62兆美元，歐元區GDP為12.46兆美元。				
資料來源：國際貨幣基金、世界銀行				

巴西和古巴的關係中，向來是巴西出口到古巴居多，然而，隨著近年來古巴逐步對外開放，巴西也開始幫助古巴更新該國的經濟結構，增加在石油、礦業、農業和旅遊領域的投資。目前巴西正在幫助古巴進行哈瓦那西部馬裡埃爾港口的現代化改建，包括貨櫃碼頭、倉庫、高速公路和鐵路等，總耗資近七億美元，這當中有八〇%的資金是由巴西所提供。此外，從二〇一一年六月起，巴西與古巴開闢了一條從哈瓦那往返里約熱內盧的空中航線。

至於對海地的援助，巴西的思維也發生了轉變。海地因長期的內戰與地震，經濟水準落後整個中南美洲大約二十年，也因爲如此，國際上對海地的協助多半是在聯合國的框架內，以人道援助的方式進行。然而，羅塞芙總統這次訪問海地，卻是打算以古巴和巴西的雙邊框架，來取代過去巴西在聯合國框架內對海地的角色，因此在這次出訪中，羅塞芙甚至同意在海地南部投資興建一座水力發電廠。

由此可見，巴西現在做的，有點類似中國在東協和非洲所做的事，都是以地區老大或金主的姿態，協助地區內的中小型經濟體自力更生。這當然是經濟換政治的妥協，可是中國崛起的事實已經證明，用經濟換政治雖然會在短期內引起紛爭，但長期下來一定可以收到具體的成效，特別是對開發中國家來說，有過共同的被殖民經驗，背後所隱含的文化思維與溝通語言優勢，往往是已開發國家難以企及、甚至理解的。所以，我們不能只是單純從經濟的觀點，去看待南方絲路或南南貿易的崛起，因爲這些南方國家要的，就是藉由經濟的成長，擺脫過去在經濟與政治事務上對歐美國家依賴的宿命。這種根深柢固的「反殖民情結」，其實才是南方國家積極開拓經濟的動力，說具體一點，就是南方國家想要自己主導規則，擺脫過去歷史上被宰制的宿命。

南方國家之間的貿易與投資，因爲彼此有共同的語言與經驗，合作速度非常快。例如巴西前任總統魯拉，在政治光譜上雖然屬於左派，施政作爲上卻是個徹底的務實派，不但讓巴西重新站上國際舞台，更透過積極的合縱連橫，替巴西的大國地位鋪路。魯拉與南非總統祖馬一起成立「南南聯盟」（簡稱ASA），這個聯盟內有十四億人口的市場，占全世界GDP的六分之一。憑藉著龐大的土地和水資源，世界糧倉的地位也讓南南聯盟在國際上成爲一股不可忽視的力量。基於如此可觀的發展能量，魯拉在二〇一〇年的南南聯盟會議上，就聲稱要把這個聯盟建立成一個「新的同盟關係」，並且「共同尋找新的發展機會，彼此互助」。

也難怪，在氣候變遷的議題上，南非和巴西說話的聲音可以愈來愈大，因爲氣候變遷最直接的影響就是食物和飲水資源供給的改變，而剛好南美洲與非洲擁有豐沛的土地、糧食與水資源，再加上同是開發中國家，所以當氣候議題與能源議題在未來成爲各國經濟事務的重心，各國對南非與巴西的拉攏自不在話下。（關於南南聯盟的具體合作，詳見筆者與劉必榮教授合著的《世界地圖就是你的財富版圖》。）

現在全球的經貿遊戲規則相當多元，而且無論是哪一種遊戲規則，都有國家可以參與，並且能共同分享繁榮，這清楚地告訴我們，世界的遊戲規則正在轉換，中小型的經濟體不必再像過去一樣，只能遵循一種規則、甚至一種出路。即使有些環印度洋的開發中國家到現在還是充斥著饑荒、疾病、動盪與不安，但是一個看似亂糟糟的地方，卻能夠取得如此耀眼的國際能見度，關鍵還是在強權間的權力互動，使得這些國家出現「戰略價値」所致。所以，抓住發展機遇，是這些國家取得國際能見度的關鍵。在環印度洋所有經濟起飛的故事中，強權對權力的追逐，才是眞正的動力！

第五章 奔馳

世俗伊斯蘭，經濟新玩家

在人類史上，
穆斯林掌控財富流向的時間長達一千年。

2011年5月，伊朗總統內賈德（右）前往伊斯坦堡，會晤土耳其總理厄爾段（左）。

遲遲無法加入歐盟的土耳其，不再以歐美馬首是瞻，它以全球第十六大經濟體的實力，在伊斯蘭世界廣結盟友，更向各新興國家招手，儼然成為伊斯蘭國家的經濟模範。

1對伊斯蘭文明的迷思與誤解

當環印度洋的東側（東協）、北側（南亞）與西側（非洲），已經基於共同的誘因（大國爭鋒）而迎向發展機遇，**我們要注意的最後一道課題，就是把視野拉高，從文明的層次來看待國際格局的轉變**。在全球財富由西向東轉移的變局中，我們會發現，歷史上曾經熟悉的過往，現在似乎又回到我們的生活週遭重演，因爲在歐亞大陸上，除了中國、印度和東亞之外，還有一個不能忽視的關鍵：伊斯蘭勢力。

在討論伊斯蘭世界的變局之前，不妨先放下主觀的迷思，冷靜地看看所謂的「世界觀」是如何形成的。

一般觀念中，大西洋兩岸的歐洲和美洲，甚至是東亞等經濟比較發達的國家，可說是「現代性」的代表。因爲相較於中亞與中東，甚至是非洲、拉丁美洲和印度洋周邊地區，大西洋兩岸的歐、美才是近代史上開啓所謂「現代化」的鼻祖，而即使是之後的日本、亞洲四小龍，以及中國和東協，也是依循歐美的標準，逐步完成現代化建設。因此世人會以爲，已開發國家才是「現代化」的標竿，至於開發中國家和未開發國家，則是現代化的落後者。

這樣的說法未必錯誤，卻很容易使人掉入以歐洲史觀爲中心的迷思，這個迷思只讓我們認同近三百年世局的變化，卻忽略了過去一千年人類的成就，也使我們無法察覺另一個文明的創造力。這個文明，就是伊斯蘭文明。

伊斯蘭教在西元七世紀初於阿拉伯半島復興，在穆罕默德七世紀中「大征服」的過程裡，透過政教合一的阿拉伯國家向外擴張，使伊斯蘭教開始傳入敘利亞、伊拉克、巴勒斯坦、伊朗和埃及，勢力範圍遍及北非、兩河流域、阿拉伯半島、中亞和印度河流域。七世紀以後，伊斯蘭的勢力又進一步擴大至整個非洲、西南歐、阿富汗、印度西北地方、外高加索和中國新疆等地。到了十六世紀，信奉伊斯蘭教的鄂圖曼土耳其帝國橫跨亞、歐、非三大洲，而受到與中國及印度通商的需求，印尼與馬來西亞也在伊斯蘭的文明範圍內。伊斯蘭教也傳入菲律賓、緬甸、泰國，並一度成爲某些王國的國教（圖5-1）。

比較特別的是南部非洲。在伊斯蘭教傳入之前，大部分南部非洲部族並沒有成文的法典，《古蘭經》的出現正好滿足了非洲部族信仰的需要，而且《古蘭經》中許多倫理道德和社會規範，觀念與非洲氏族部落社會相適應，再加上在殖民統治時期，非洲當地人民對帝國主義恨之入骨，而伊斯蘭教的教義剛好認爲應該對「異教徒」進行聖戰。這種結合政治恩怨、部落連繫與宗教對抗的信仰結構，在南部非洲取得了成功，可見伊斯蘭教在非洲的成功，有其歷史與社會的原因。

儘管從人數上來看，伊斯蘭的勢力遍及中東、非洲與亞洲，但是在媒體的長期渲染下，伊斯蘭文明幾乎是落後、神祕、動盪與暴力的代名詞。特別是在歐洲帶動科學革命與工業革命之後，伴隨帝國主義的擴張，包括伊斯蘭文明在內的非歐洲文明（亞洲、非洲、南美

圖 5-1 大中東地理範圍圖

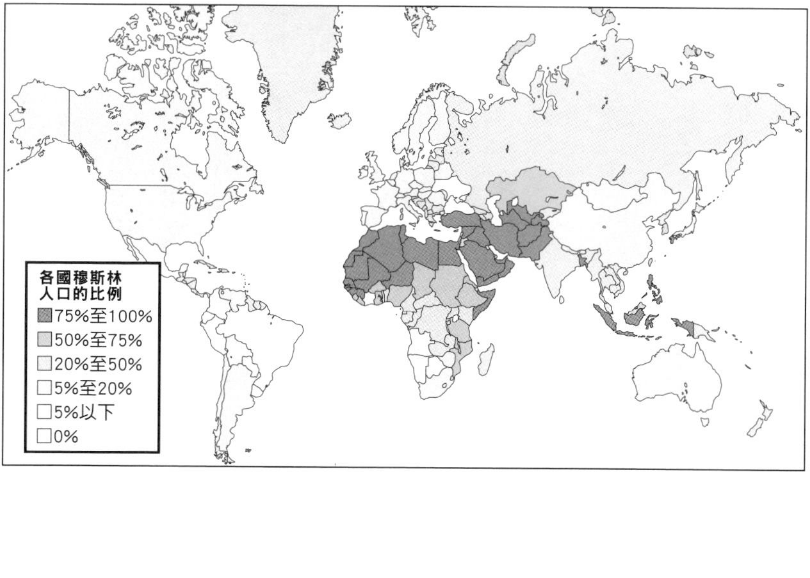

洲），幾乎都成了歐洲文明侵略的對象，導致這些文明（或國家）成為教科書上落後與缺乏現代性（相較於歐美）的代表。

最大的迷思就在這裡：文化從來就不是一灘死水，若沒有伊斯蘭國家對古代希臘、羅馬文獻的保存與應用，中世紀的歐洲人不可能發展出文藝復興；就如同沒有了遊牧文化，中國的唐、宋、元三朝也不可能成為當時世界首屈一指的文明。如果以歐洲為主體的西方文明確實是「現代性」的代表，就無法解釋為什麼東亞能在不全面移植西方民主與資本主義的環境下，依舊創造出經濟奇蹟，也無法解釋，即使鄂圖曼土耳其帝國早在廿世紀初就被西方肢解，在西方獲得冷戰勝利的同時，從帝國分離出來的部分伊斯蘭國家，還是能再度衍生出顛覆世界文明進程的能量。

伊斯蘭文明從未退出世界經濟舞台

另一個世人刻意忽略的事實，就是在歐洲文明崛起之前，東方的儒家文明與伊斯蘭文明從來沒有閒著。以前的教科書上都說，自從西元四七六年西羅馬帝國被滅之後，人類歷史就進入了所謂「黑暗時代」的中世紀，直到十六世紀的啓蒙運動開始，人類才又再度掌握了智慧的火炬，進入所謂的現代。只是，這種論述卻是一個相當大的誤解。

其實所謂的「中世紀」，本意是「中間的時代」（Medium Aevum），意思就有如法蘭西史學家布洛克（Marc Bloch）所指出的，從十三世紀以來，基督徒基於對現實環境的挫折（十字軍東征的失敗），認定基督誕生的「古代」已經結束，而彌賽亞與救贖的新神國又尚未到來，所以人們處於「基督之後與彌賽亞到來」之間的「中間時代」。到了十七世紀，德國史學家凱勒（Christoph Keller）再將中間時代定義爲「蠻族入侵迄文藝復興」時代，從此之後，中世紀的概念才被賦予落後與黑暗的性格。這種論述在十九世紀成爲西歐國家對歷史的主要論述，至今仍影響著台灣的教育。

於是長期下來，世人認定所謂的「現代」，是歐洲進入文藝復興與啓蒙運動之後才有的事。但是從最早的印度孔雀王朝開始，經過中國的唐朝、元朝、宋朝，再到伊朗的薩珊帝國、阿拉伯的阿拔斯王朝、蒙兀兒帝國與鄂圖曼土耳其帝國等，這些國家創造出史無前例的璀璨文明與科學躍進，足以證明所謂的「現代性」並不單純只有歐洲文明才能擁有。

從這個角度來看，可看出所謂的古代、中世紀與現代的歷史論述，只能反映以歐洲爲中心的史觀，卻不是全體人類歷史演進的主軸。特別是在十八世紀歐洲工業革命正盛的同時，東亞的中國、中亞的蒙兀兒帝國，以及西亞的鄂圖曼土耳其帝國這三大帝國，不但還掌握著全球絕大部分的經濟資源，其中兩個帝國還隸屬伊斯蘭文明。可見即使在帝國主義誕生、西方文明大膽躍進之時，全球經濟的重心還是在東方（圖5-2）。

如今，儘管伊斯蘭文明的經濟體尚未具備主導全球經濟議題的能量，東亞勢力已開始嘗試與西方平起平坐，給伊斯

圖 5-2 東方與西方經濟總量變化圖

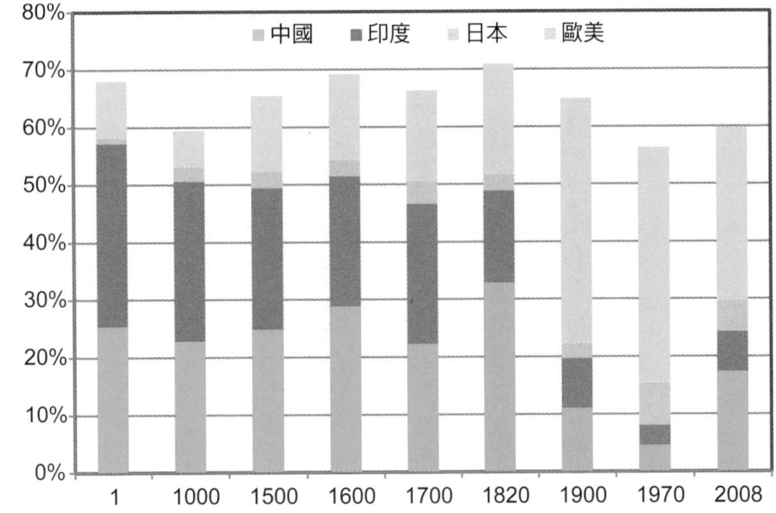

參考資料：《經濟學人》

蘭文明創造了崛起的契機與復興的養分。特別是從地緣的角度來看，在環印度洋的北方與東方，其實都有伊斯蘭的經濟勢力。**若要了解環印度洋地區未來在全球政治與經濟中扮演的角色，必然不能忽略伊斯蘭國家**。介於東、西海洋交通要道的印度洋，自古以來就被伊斯蘭文明所掌控，而中國和印度的興起，等於是給伊斯蘭文明一個重新起步的契機，就好像在唐、宋、元時期，即使中國是世界上文明最先進的國家，但阿拉伯帝國和土耳其帝國才是掌握東、西財富交流關

圖 5-3 伊斯蘭經濟體占全球 GDP 規模總量始終在 25%左右

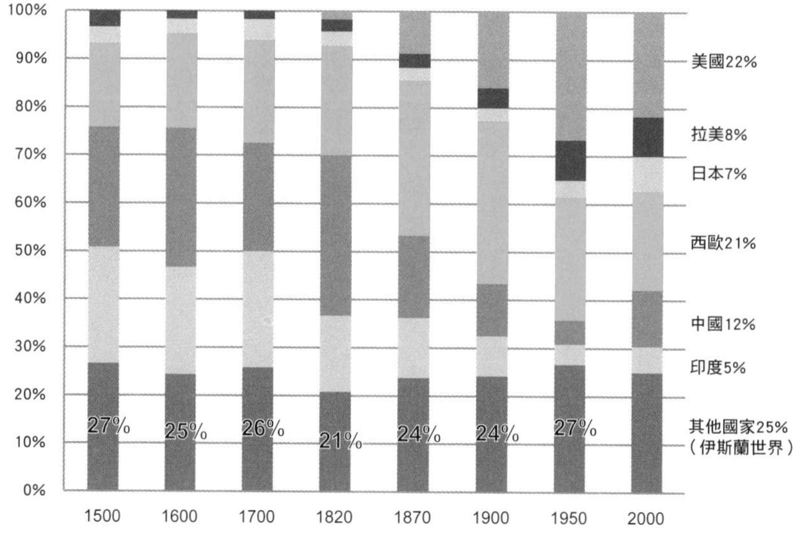

參考資料：《經濟學人》

鍵者的道理（圖5-3）。

也難怪，近代史上「陸權論」的代表——英國地緣政治學鼻祖麥金德（Halford John Mackinder，1861-1947）說，如果歐亞大陸是一塊「世界島」，只要能掌握世界島的「心臟地帶」，也就是今日的中亞、西亞與東歐高加索等伊斯蘭勢力範圍，往東可以與中國爭鋒，往南可以進入南亞和印度次大陸，往西還可以進入歐洲。在當今以歐美勢力爲主的海權國家必須休養生息、以中國爲代表的陸權國家又躍上世界經濟舞台的過程中，地理上位居海陸交通要道、文化上屬於伊斯蘭勢力範圍、地緣上又擁有全球五大關鍵海峽的環印度洋，自然就成爲伊斯蘭勢力合縱連橫下的新舞台。

2 伊斯蘭經濟體搭起歐亞大棋盤

金融海嘯給了新興市場國家經濟發展的契機，而中國和印度的崛起，更是伊斯蘭經濟體得以受世人矚目的關鍵。其實早在金融海嘯之前，中國和印度對伊斯蘭與中東地區的經營，就已經超過國人的想像。

以人口數量來看，中國算是一個穆斯林大國（官方宣稱境內的穆斯林人口高達兩千萬），且中國多數的穆斯林都居住在新疆、甘肅、寧夏爲主的西部地區，再加上中亞地區的穆斯林向來視中國的新疆是「兄弟之邦」，因此中國對大西部的經營，自有其在政治、經濟與安全上的戰略考量。此外，就因爲中國在經濟發展上受到麻六甲困境的制約，所以除了西部的穆斯林勢力，中國也必須積極經營從中東到中亞這一整片穆斯林國家的關係，才能維持陸上與海上能源供應鏈的穩定。也因此，中國對相關國家的經營，從過去單純基於友好互動的往來模式，向上提高到兼具政治、經濟、金融、社會與文化等長期且全面向的戰略層次。

例如同屬伊斯蘭國度且位於東南亞和南亞的印尼、馬來西亞、孟加拉、巴基斯坦等國，都基於各自的政治與經濟理由，與中國締結了戰略夥伴的關係。而位於高加索一帶、深受伊斯蘭勢力影響的中亞國家如哈薩克、吉爾吉斯、塔吉克等，也與中國和俄羅斯共同享有「上海合作組織」這一戰略夥伴平台。**這些圍繞在中國西北方與西南方的伊斯蘭勢力，是中國往亞洲中部發展經濟必須耕耘的板塊，只要能夠成功整合，不但可以降低中國西部安全的威脅，更可降低美國、日本等國在東海與南海對中國的戰略制約**，使中國的經濟成長得以擺脫過去單純仰賴出口貿易的模式，轉向大陸經濟與海洋貿易並重的「雙引擎模式」。對中國來說，無論是向南積極經營環印度洋國家的政經合作、往西打通三條歐亞大陸橋（圖5-4）、積極參與中東地區的經濟開發商機，抑或是深化與西邊中亞國家的關係，都是爲了突破麻六甲困境，也是創造和平穩定環境戰略的一部分。

印度積極攏絡伊斯蘭國家的努力，其背後的動機與中國大同小異。印度其實自古以來就深受伊斯蘭的影響，儘管境內的印度教徒與穆斯林至今仍有紛爭，但印度相當清楚，穩定與周邊伊斯蘭國家的關係，有利於降低中國經濟與政治的壓迫。而且與中國不同的是，印度移民在阿拉伯半島及其他中東地區，擁有比華人移民更大的勢力，例如在沙烏地阿拉伯，印度有一百五十萬移民，在科威特有三十萬，阿拉伯聯合大公國有一百萬。相較於中國，印度在中東地區的耕耘更爲成功，也使伊斯蘭國家可以因印度的崛起而獲得發展財富的能量。

除了印度裔的移民之外，另一個讓伊斯蘭國家得以乘風而起的關鍵，就在印度的能源需求。雖然這個國家在資訊科技、生物工程、軟體服務與原子能等領域占有先進的發展地位，而這樣的地位也改變了世界對印度向來的觀感，但無法改變的事實是，雖然農業發展只占印度全國GDP的二四％，卻有超過五〇％以上的人口從事農業生產。這樣的結構使印度成爲一個對燃油和食物價格相當敏感的

圖 5-4 三條歐亞大陸橋

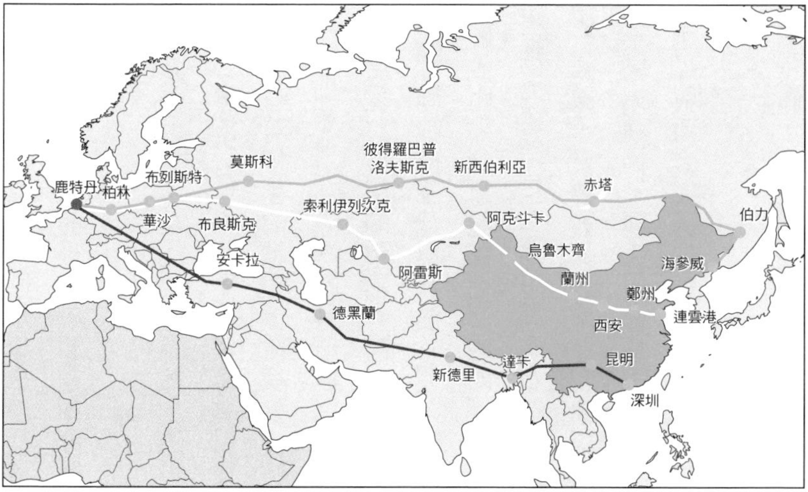

經濟體，因爲只要燃油和食物的價格高漲，印度就得提高財政補貼，以維持經濟與社會的穩定。因此，強化基礎建設以維繫能源和糧食供應的穩定，將是印度經濟永續發展的關鍵。

對印度來說，落後的基礎建設可以靠自己補強，但是本身能源產量稀少的事實（印度境內的三座油田，產量只夠支撐本國GDP的三〇%），只能靠著維繫與中東國家及周邊伊斯蘭國家的關係來彌補。儘管有著優越的地理位置與外交關係，使印度不必像中國一樣面對麻六甲困境，但要如何在美國安排的戰略架構中，替自己博取與中東國家最大的利益，會是印度經貿外交的重點考量。以伊朗爲例，自從美國和歐盟在二〇一二年宣布對伊朗實施經濟制裁與石油禁運，印度和伊朗的關係反而成爲美國中東戰略的一大障礙，因爲急需能源進口的印度，根本無法像美國一樣切斷與伊朗的經貿關係；再加上伊朗是全球第二大石油出口國，如果印度選擇在這個議題上與美國站在同一陣線，又要如何在南亞和中東版圖上與中國競爭能源利益？於是印度表面上與美國站在同一陣線，私底下卻擴大從伊朗進口石油。印度爲了自身的能源戰略，選擇與西方大國站在不同陣線，這種打太極的態度，已經明顯引起美國的不悅。

印度就像中國一樣，爲了降低對中東能源的依賴，也在積極發展與中亞國家的關係，而中亞的土庫曼成了印度由陸路進口石油的選項。於是，除了中東的伊朗，就連在南亞的穆斯林宿敵巴基斯坦，也成了印度要積極改善關係的對象。

抓住戰略機遇，伊斯蘭國家的外交政策必然改變

中國和印度對經濟發展的需求，拉抬了伊斯蘭國家在經濟議題上的能見度，更改變了過去伊斯蘭經濟體始終在意識型態上受西方國家打壓、並永遠只能扮演石油供應者的角色與結構。例如阿拉伯半島、伊拉克和伊朗早已是全球石油的中心，但受限於西方列強的經濟宰制，這些國家的產業結構相當單調。反觀印尼和馬來西亞這兩個東協地區最大的伊斯蘭國家，在產業結構上不必單純仰賴石油出口；靠著龐大的內需規模，這兩國得以成爲伊斯蘭世界中經濟領先的佼佼者。這當中的關鍵，就是這些國家彼此產業鏈的差異沒有太大，與中國和印度也有共同的貿易利益，因此可以藉由出口石油到中國和印度，換取更多他國廠商在當地設廠，並從事基礎建設以完善經濟結構，拉抬當地的就業率與基礎民生。這種在貿易上眞正的互惠，是中東和伊斯蘭國家產業與經濟得以發展健全的關鍵。

此外，在高加索一帶受伊斯蘭文化薰陶的中亞國家，即使地理上並不靠近印

度洋，經濟發展的程度也較落後，但這些國家卻積極與中國、印度和俄羅斯等想要競逐大國優勢的強權交流，可見強權在環印度洋的競逐，已經使各方伊斯蘭勢力積極串連，在國際上形成一股新的經濟勢力。

不過，中國和印度的崛起，頂多只是降低了伊斯蘭經濟體被西方控制的程度，未來這些經濟體若要起飛，眞正的關鍵並不在哪個國家的拉抬，而是在伊斯蘭國家的政治人物能否看清時代轉折的契機，重新建立自身與東、西各方對話的平台。就好比在二〇一一年阿拉伯之春後，中東人民終於看到自己可以主宰國家命運的可能性，也使中東各國的主政者看到自己可以透過強權作爲槓桿，進而有成爲區域強權的機會。這個地區未來所上演的合縱連橫，自將牽動各國經濟與政治實力的變化。例如二〇一二年底的以巴衝突，最後就是靠著埃及新總統穆希的折衝，才使巴勒斯坦的哈瑪斯和以色列達成停火協議，而經此一役，埃及再度在阿拉伯世界取得領導的地位。

當然，一場金融海嘯雖不足以讓伊斯蘭經濟體躍身爲全球的主角，但金融海嘯所導致的政經結構重組，卻使伊斯蘭經濟體得以在強權競合的過程中，取得非常好的戰略機遇。伊斯蘭國家剛好就介於實力蒸蒸日上的東方與勢力逐步下滑的西方之間，如果東、西雙方要持續競爭，伊斯蘭國家的重要性就不言可喻。伊斯蘭國家自身的外交政策在此時顯得相當重要，如何讓國家經濟的發展不受意識型態的制約，是當前所有伊斯蘭國家的首要課題。

3 土耳其成功取得東西競合槓桿

環顧當前所有的伊斯蘭國家，能夠在東西兩大勢力之間取得平衡點的代表，在西亞地區是土耳其，在東亞地區則是印尼。之所以拿這兩個國家當代表，並不是因爲它們獲得高盛投資銀行選入「成長八國」，而是因爲這兩國的發展模式，剛好讓伊斯蘭經濟體得以從過去與強權對抗的模式，成功轉型爲與強權合作的模式。這當中的關鍵，其實是政治與外交，而非人口、土地與資源。土耳其和印尼同樣以伊斯蘭爲國教，在社會與文化上屬於伊斯蘭，但在政治經濟上又與歐、美、中、印保持等距，這種「有意識的中庸」發展模式，對其他世俗化的伊斯蘭國度產生了示範作用。

先來看土耳其。其實自古以來，土耳其人、阿拉伯人和波斯人分別主宰著這個地區的強權興衰，但因爲地緣的關係，土耳其人比起波斯人和阿拉伯人，與西方有更近的連結，因此當鄂圖曼土耳其帝國強盛時，可以成爲西方基督徒與東方穆斯林的燈塔，但在帝國衰落時，又會成為各大強權積極想掌控的地方。「土耳其國父」凱末爾的西化讓土耳其成為伊斯蘭世界最親近西方的國度，而這樣的角色，也讓土耳其在冷戰時期成為與蘇聯勢力對抗的前哨站。

雖然土耳其在名義上得以與西方同盟，但是在經濟上，親西方的土耳其並沒有獲得來自西方太大的好處。特別是在加入歐盟的議題上，土耳其始終被歐洲人視為「外人」，除了基本的產業外包之外，土耳其根本無法掌握經濟與金融事務的主導權。儘管知名的義大利品牌皮件多數是在土耳其製造，美國的F-16戰鬥機是在土耳其生產，荷蘭的國花鬱金香有九五%是在土耳其培育（土耳其的國花也是鬱金香），而義大利的飛雅特、法國的雷諾和韓國的現代汽車也是在土耳其製造，但這種經濟發展模式卻只是讓土耳其成為西方國家眼中的乖乖牌與代工廠，並無法成為中東地區、甚至伊斯蘭世界的主導力量。

善用地緣與外交，土耳其破繭而出

金融海嘯之後，由於歐洲國家對土耳其的接納程度不如以往，連帶也使得土耳其公民加入歐盟的意願，從金融海嘯之前的七〇%下降至目前不到五〇%。由於歐洲自身面臨債信重組的種種問題，導致土耳其在對外政策上，開始降低融入歐盟，轉而積極尋求與中東、俄羅斯，甚至非洲和中國等強勢經濟體合作。過去，土耳其的發展模式是「看西方」，但在金融海嘯後，基於大環境結構的改變，土耳其必須走「東、西並重」的外交路線。

當土耳其因加入歐盟進度緩慢而受挫，反而得以加強與阿拉伯國家及前蘇聯國家的密切合作，並將觸角延伸至非洲。藉由位處歐、亞、非交界的地利之便，土耳其的營建業近來在中東地區成長驚人，不但大舉標下海外工程，營建工程的範圍甚至遍及全球八十個國家，內容涵蓋興建水壩、體育場與公路工程，甚至還有土耳其業者與日本企業合資，共同競標杜拜的新地鐵系統，以及由哈薩克與庫德族人所掌管的伊拉克北部等多項公共工程標案。基於相同的文化與種族背景，土耳其對中亞某些地區習慣索取回扣與複雜法規的回應較具「彈性」，因此在這塊領域的商務開發上，比別的國家更具優勢。目前土耳其已躋身前蘇聯國家的最大營建商，有近四分之一工程位於俄羅斯，其次是利比亞、土庫曼和哈薩克。土耳其自一九九七年以來也包下中亞哈薩克首都阿斯塔納近七〇%的工程。

儘管土耳其的營建業在歐洲、美國、中國和日本等地還競爭不過大型業者，但靠著中亞、中東與非洲地區的業務，土耳其海外工程專案的總值已從二〇〇〇年的七·五億美元激增至二〇〇八年的二三六億美元，而根據官方規畫，到二〇一五年之前，金額甚至可以上看五百億美元。在一連串積極的擴張下，根據國際貨幣基金（IMF）的世界經濟展望報告，土耳其二〇〇九年國內生產毛額（GDP）達八、六三〇億美元，而到了二〇一一年，這個數字已經突破一兆美元。

在承包國際營建的同時，土耳其近年來也與俄羅斯、利比亞與敘利亞簽署多項免簽證、交通與貿易等雙邊協議，土耳其航空也增加了往返巴格達與肯亞首都奈洛比等城市的數十條航線，促進當地觀光業的發達。至於與中國的合作，土耳其也是認眞經營，兩國在二〇一〇年不但共同舉行空軍演習，雙邊的貿易計價也在二〇一〇年放棄美元而改採人民幣結算。兩國的領導人更計畫在二〇一五年之前，把中、土之間的貿易總額擴大三倍，從二〇一〇年的一百七十億美元增加至二〇一五年的五百億美元。

在外交政策上，土耳其也不想再受美國和以色列的擺布。尤其在二〇〇六年，以色列公然進攻加薩，導致土耳其總理公開譴責之後，這兩國的關係就已經從過去的親密走向分裂。二〇一〇年，一艘搭載著國際志工開往加薩的土耳其運補船，竟然在公海上遭以色列攻擊，導致數名國際志工和土耳其人死亡，於是更加深了土、以的裂痕（以色列至今仍拒絕爲這起事件向土耳其道歉）。

在這個情況下，土耳其開始積極尋求與其他中東國家的合作，不但與伊朗、敘利亞組成「北方聯盟」，在伊朗的核武議題上，土耳其更與俄羅斯攜手，公開與美國及以色列唱反調。另一方面，土耳其在二〇一〇年底，也與「海灣阿拉伯國家合作委員會」簽署互惠合作

圖 5-5 土耳其境內油管分布與輸出圖

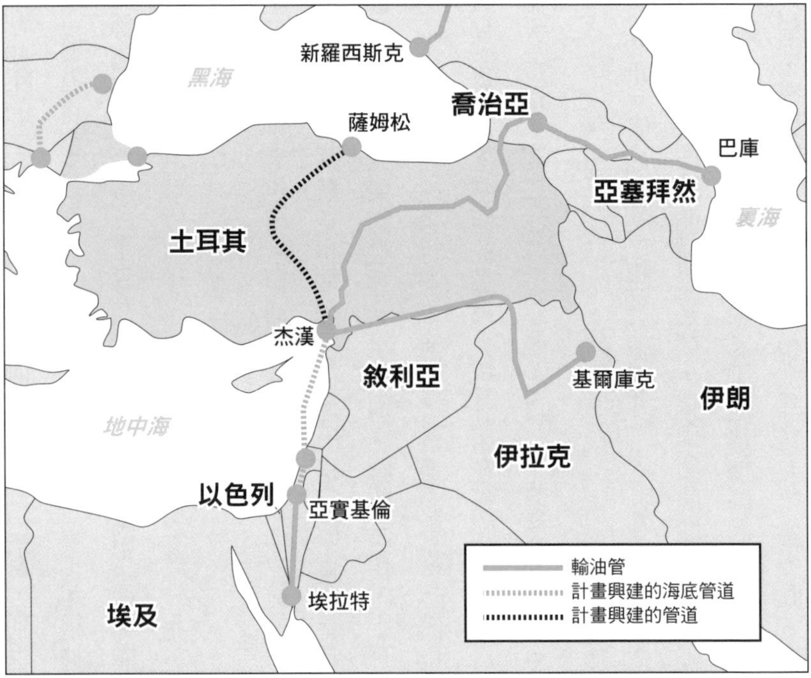

行動計畫，並成立多個委員會，推動雙方在貿易、投資、食品安全和交通等方面的合作。而順應亞洲國家對石油的需求擴大，土耳其也積極向北方的俄羅斯油管工程招手。在土耳其境內，東西向的跨國輸油管道共有五條，南北向的輸油管道有三條，而俄羅斯能源出口有六〇%、伊朗能源出口有三〇%要經過土耳其。這個本身並不生產石油的國家，卻因爲優越的地理位置而成了中東、中亞與歐洲的能源樞紐。土耳其目前計畫把境內的能源與石油產業私有化，這個動作已引起多方競爭者覬覦土耳其的石油財富（圖5-5）。如今，隨著政治與經濟實力的壯大，這個國家目前在軟性議題上，也積極地向歐、美的大型博物館爭取古物回流，而且土耳其的姿態相當高，當西方國家在這個議題上與土耳其交手失敗後，土耳其便儼然取代了埃及和沙烏地阿拉伯，成爲中東地區的伊斯蘭強權。

4 印尼抓緊大國競爭空間

土耳其的成績已經讓其他伊斯蘭國家體認到，單靠美國或西方的政治支持，頂多只能成爲西方勢力在中東利益分配的棋子，無法成爲伊斯蘭國家的領導者。同樣的，位於亞洲的伊斯蘭國家印尼，也是在國內的政治環境穩定、並且開啓獨立自主的外交路線之後，才眞正在國際舞台上大放異彩。

國人如果還有印象，在二〇〇五年之前，印尼還是個充滿政治動亂的國家，無論是一九九七年的亞洲金融風暴，還是二〇〇三年的峇里島爆炸案，印尼都是宗教衝突、種族衝突、政治動盪與社會不安的代名詞。然而自從現任印尼總統蘇西洛在二〇〇五年上台後，靠著強力打擊恐怖組織勢力與貪汙，印尼已經取得了穩定的國內環境。此外，在長期與中國和印度經濟合作之下，中國和印度已經成爲印尼商品最大的出口國，同時也使印尼降低了過去仰賴美國市場的出口瓶頸，在金融海嘯之後成爲高盛眼中的第五金磚。

另一個使印尼經濟起飛的關鍵，是美國勢力的重返亞洲。遏制中國勢力在東協的滲透，是美國戰略東移最大的動機，這樣的改變使得印尼成爲中、美兩強彼此競爭的有利槓桿，也使得印尼總統蘇西洛的經濟改革，可以在大環境有利的條件下持續進行。靠著國內高達二．四億的人口，印尼不只有龐大的人口紅利，在這片廣大國土上所推行的基礎建設，更是使印尼經濟得以起飛的關鍵。基礎建設的起步象徵內需經濟的繁榮，使印尼可以藉此擺脫過去商品出口國的地位，眞正能夠在金融與經貿領域成爲自己的主宰。

如今，印尼已經成爲東協十國中最大的經濟體（表5-1），蘇西洛總統更成爲整合東協勢力擴張的代表人物，這一切都代表著，在正確的外交政策引導之下，就算只是實力中等的開發中國家，也擁有足以主宰區域議題的關鍵能量。這時候若能搭配各大強權的競爭需求，即使是伊斯蘭國家也可以成爲強權之間溝通與協調的平台，這種象徵性的地位，就有如中世紀時期，中亞的穆斯林得以掌握東、西貿易關鍵的地位一樣。

表5-1 東協主要國家中，印尼的體質最強勁					
項目	印尼	新加坡	泰國	馬來西亞	菲律賓
2011年GDP（億美元）	8,457	2,598	3,456	2,787	2,312
2011年GDP成長率	6.46%	4.89%	0.07%	5.14%	3.72%
2012年預估GDP成長率	6.10%	2.70%	5.49%	4.40%	4.17%
出口占GDP比	25%	221%	71%	97%	35%
出口歐洲占GDP比	2.50%	11.60%	6.60%	10%	3.80%
內需型企業占比	81%	63%	43%	76%	-
與美國經濟相關性	0.18	1.85	1.6	1.55	0.85
預估企業ROE（2012）	23.20%	11.00%	18.00%	14.00%	15.10%
人口	2.5億	0.05億	0.7億	0.3億	1.0億
2011年製造業 平均月薪（美元）	105	3,458	339	787	315

資料來源：Morgan Stanley Research, Citi, CIA The World Factbook, 2012/4

這一點，從北非的伊斯蘭政權在經過茉莉花革命的衝擊之後，也想要開創獨立自主的外交政策，就可以看得出來。例如阿拉伯世界的龍頭埃及，在二〇一一年推翻穆巴拉克的統治之後，即使是軍政府掌權，仍允許伊朗戰艦穿越蘇伊士運河，此舉不但驚動美國，更讓西方國家判定世俗化的埃及與神權化的伊朗暗通款曲。此外，經過戰火蹂躪的利比亞，雖然在政治上依舊受到歐美的控制，但新政府也向中國和俄羅斯發出信號，指出希望中國和俄羅斯的勢力重返利比亞。

5 上海合作組織與伊斯蘭勢力的合鳴

除了中東與北非，中亞的伊斯蘭勢力也在大國之間展開合縱連橫。在這當中，較不受一般人重視、但已成爲一股主要經濟力量的「上海合作組織」（簡稱SCO），就是最明顯的例子。上海合作組織是一個由中國所主導，與俄羅斯、哈薩克、塔吉克、吉爾吉斯與烏茲別克等六國共同組成的地區安全組織，觀察員國還包括印度、巴基斯坦、伊朗與蒙古（圖5-6）。

在西方許多國家與媒體的眼中，自從華沙公約組織解散之後，地球上就再也沒有一個組織或集團，其人力與物力可以與北大西洋公約組織相抗衡。上海合作組織的出現，被一些西方媒體視爲「東方北約」，因爲這個組織內共有十六億人口，成員國面積占了歐亞大陸的五分之三，因此上合組織當然讓西方國家膽戰心驚。

但是，由中國所主導的上合組織，與美國所主導的北約組織相當不同。上海合作組織其實是一個「不結盟組織」，在初創之時，功能僅止於反恐，至於北約卻是一個標準的軍事同盟。北約組織是在冷戰時期成立，其目標是在維繫當時西方的同盟關係。但是，中國向來奉行不針對第三方的結盟政策，而冷戰後的俄羅斯也不想走回過去與美國對抗的老路，所以儘管西方多把上海合作組織視爲與北約組織抗衡的對象，但實際上上海合作組織既不同盟、也不對抗，它與北約組織在內涵、組織與目標上其實有很大的不同。這也是上海合作組織得以在成員國與觀察員國上不斷茁壯、甚至

圖 5-6 上海合作組織成員與對話夥伴

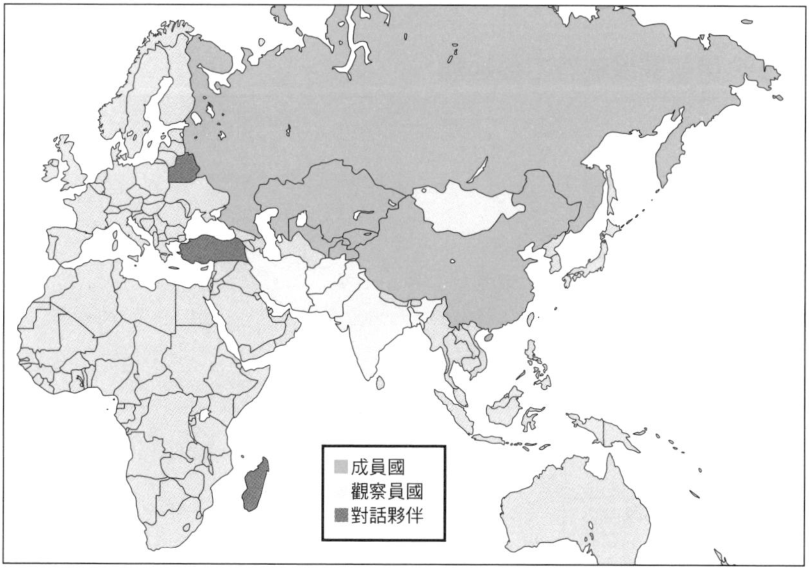

能吸引不同戰略目標國家共同加入的原因。

上海合作組織對中國來說，是穩定大西北和中亞伊斯蘭勢力的平台。透過密切的經貿合作與交流，不但可以創造中亞各國經濟的高速增長，更可以藉此穩住新疆內部極端伊斯蘭的勢力，穩定中國西北邊疆。同樣深受極端伊斯蘭勢力所困擾的還有俄羅斯，特別是裏海與高加索一帶的穆斯林，往往給俄羅斯帶來軍事與外交上的威脅，所以藉由經貿交流來消除伊斯蘭極端勢力的溫床，就成了中、俄兩國共同的利益。其實，不只是中、俄，對印度、巴基斯坦、印尼與菲律賓等國來說，消除伊斯蘭極端勢力都符合當前國家的利益，這也是上

圖 5-7 伊斯蘭極端勢力蔓延圖

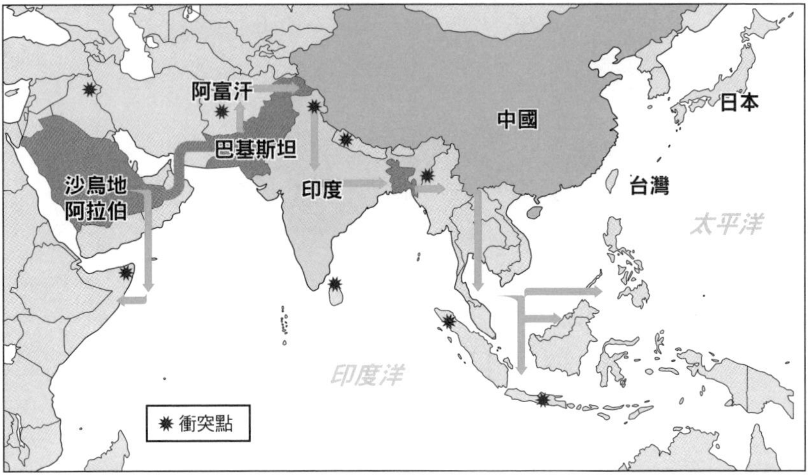

海合作組織在成立之後，印度和巴基斯坦可以成為觀察員國，而東協也可以成為「對話夥伴」的原因（圖5-7）。

然而，光靠傳統的貿易還不夠。對中國和俄羅斯來說，打造完整的交通建設與金融環境，更加深化六國之間的貿易交流，才能眞正降低極端伊斯蘭勢力茁壯的養分。所以在二〇一〇至二〇一二年間，上合組織的成員國紛紛在貿易結算、貨幣整合與推行區域債券等議題上展開合作。當時的中國總理溫家寶更在二〇一一年提議建立上海合作組織開發銀行（此舉已獲得俄羅斯的呼應），並呼籲成立上海合作組織能源俱樂部，計畫建立金融與能源的防火牆，降低美元匯率變動對區域金融的衝擊。

這對中亞各國來說，無異是經濟整合的好機會。儘管中亞沒有一個國家是以伊斯蘭為國教，但是境內有龐大的伊斯蘭人口，卻可以因此獲得來自中國和俄羅斯支持的雙重能量，享有經濟發展的好處。根據國際貨幣基金的數據，在扣除俄羅斯之後，以中亞國家為主的獨立國家國協，在二〇一〇和二〇一一年的GDP成長率分別達六・〇%與六・二%。（注：獨立國家國協共包含十二國：西伯利亞、烏茲別克、哈薩克、吉爾吉斯、土庫曼、塔吉克、俄羅斯、白俄羅斯、烏克蘭、喬治亞、亞塞拜然、亞美尼亞。）以區域來看，這樣的表現在全球只落後東亞的中國和印度，勝過東協和撒哈拉以南非洲。即使在遭遇歐債危機的當下，國際貨幣基金依舊預期這個區域在二〇一二和二〇一三年的經濟成長率可達四．六%（資料來源：〈世界經濟展望〉，國際貨幣基金，二〇一二年四月）。

從上述這一連串國際事件，可以看到大國在環印度洋的相互較勁，對伊斯蘭世界引發了兩個層面的激盪。從國家層面來看，土耳其和印尼模式的崛起，給世俗化伊斯蘭經濟體創造了發展的路徑：印尼享受到中、美爭鋒在亞洲所帶來的甜頭，土耳其在中東、非洲與俄羅斯也找到了新的經濟角色。再從文明層面來看，環印度洋在國際舞台的興起，成了伊斯蘭文明重拾經濟活水的契機，地處中、印、歐等主要文明中間的伊斯蘭國家，可以因歐亞大陸陸地貿易的擴張而獲得經濟再起的機會。**如果未來世界的重心是從西方往東方移動，那麼除了中國和亞洲之外，伊斯蘭世界的金融與投資商機，將會成爲環印度洋博奕故事中最獨特的篇章。**對深受西方觀念影響的台灣讀者來說，這應該是環印度洋國家在經濟崛起之後，對我們在觀念與思考上最大的顛覆與衝擊！

第六章 運籌

運用權力槓桿，投資印度洋新絲路

市場價格一般都是錯誤的，因為它們提供的不是關於將來的理性觀點，而是帶有偏見的觀點。

——金融大鱷喬治・索羅斯

2007年2月，利比亞兒童揮舞著中國國旗，歡迎國家主席胡錦濤來訪，為這個動亂頻仍的國家帶來大筆投資和商機。

經過二十多年在非洲各國的耕耘，中國已於2009年躍居為非洲的最大貿易夥伴，2011年中非貿易額更突破1,600億美元。

對許多人來說，培養國際關係的辯證技巧似乎與生活沒有關係，因為生活不外乎柴米油鹽，而大國的權力互動對我們來說不但太遙遠，甚至我們也管不著。面對國際趨勢的變化，一般民眾不太有能力把它與自己的生活作串連。

於是在投資行為上，大家通常只願意聽理財專家的說法，卻不願意聽國際專家的說法，而面對那些站在台上講得口沫橫飛的經濟大師、投資專家時，大家只在乎該買「什麼」、什麼時候「進」、什麼時候「出」，卻不在乎他的投資知識，也不在乎他的關懷視野。於是久而久之，站在台上的專家漸漸變得媚俗，而坐在台下的聽眾，長期下來始終都還是聽眾。

在景氣好時，這種方式或許行得通，即使主講人的入場費高得明目張膽，聽眾還是花錢花得心甘情願。但過去這幾年來，應該站在台上的主講人，漸漸成為電視節目的常客，時間愈久，講的話愈顯得一成不變，而電視機前的投資人，理財行為與這些「專家」一樣，也是一成不變。

像這樣的情況已經行之有年，如果要我把這些動作翻成白話文，只有兩個字：窮忙。我們明明就在投資，但所做的事情卻是「窮忙」，光是這樣的行為就非常沒有「投資效率」，因為用這樣的方式來進行投資理財，虧損的不只是金錢，更是時間。只要你長期地賠時間，就算賺進再多的金錢，也買不回你的人生；這樣掐指一算，你的實際報酬率可能比你預期得更低。

面對即將到來的環印度洋時代，我們要告別的，就是這種「窮忙式」的投資理財行爲，而具體的方法就是培養國際觀——除了數字，更要看各個國家處理不同議題時的動機與手段。因爲數字都是落後的指標，而只有動機與手段，是在發生的當下就能先察覺的——在事情發生之前，就先把自己擺在對的位置上，享受投資該有的獲利，創造生活上的驚喜與心靈上的安定。

當然，「拒絕偷懶」是更重要的，唯有反覆的思考，才能把在國際關係上的互動辯證，落實到實際生活上。舉例來說，當美國聯準會計畫要針對「不動產抵押證券」（MBS）實施購買計畫（即一般稱「第三次量化寬鬆」的QE3政策）時，一般人的直覺聯想就是：錢更多了，通膨來了，快抱黃金抗通膨，商用不動產也可以買了。但如果你願意再往下想第二步、甚至第三步，你就會發現，當聯準會願意在市場上撒更多的錢，就代表經濟狀況比預期更糟，而既然經濟狀況比預期更糟，怎麼可能還會有通膨呢？也難怪，自從實施QE3之後，即使到了二〇一二年底聯準會再度實施償債購買計畫（即QE4），黃金價格卻跌到四個月以來的新低。

另外，如果願意再多想一步，就會知道既然聯準會願意購買MBS，代表過去的QE1與QE2對美國經濟沒有實質的幫助，因此QE3將目標直指商用不動產，可先改善美國房市的資產負債表，透過房市好轉，替美國經濟打下關鍵基礎，讓資本市場提升風險容忍度；在市場有更多錢的狀態下，新興市場反而更不敢用升息去對抗通膨，以免衝擊國內的民生物價；於是這就意味著，新興市場必然要放手讓匯率升值取代升息，因此熱錢將前往新興市場套利，當地股市與匯市反而會有機會。

這些結論，都是透過反覆辯證才能得到的，單看媒體對國際事件的報導，並無法得到這些投資結論，因爲媒體只會報導事件，或是這個國家做了什麼事，卻無法告訴你事情發生後其他國家的反應，以及在這些反應之後所引起的邊際效應。因此要把國際觀納入生活，關鍵就是不斷的辯證，只要你願意比別人多想一步，就可以創造截然不同的投資效果。

反映在環印度洋的財富趨勢上，情況也是驚人的類似。看看二〇一二年聖誕節前夕的數字就知道了。從二〇一二年一月至十二月第三週，只要是屬於東協、南亞、中亞與非洲等環印度洋周邊的國家，股市漲幅幾乎打敗除了德國以外的所有已開發市場，甚至還超越了中國、俄羅斯和巴西等大金磚的表現（圖6-1）。即使把時間延長到近三年來觀察，在已開發市場與環印度洋股市的漲幅比較中，環

圖 6-1 環印度洋周邊股市 2012 年以來漲幅比較

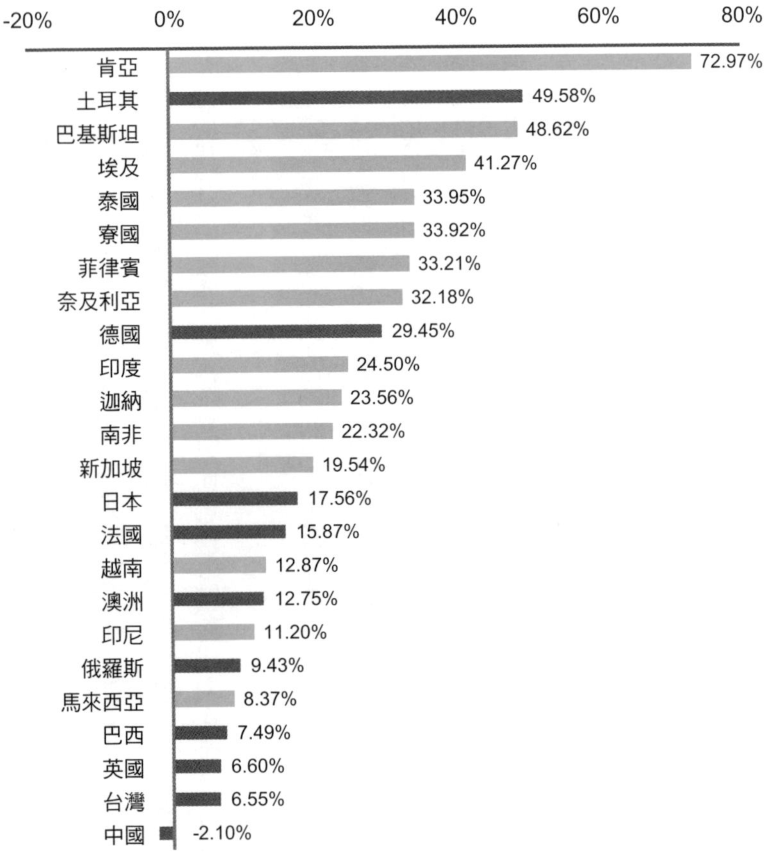

資料來源：彭博資訊，2011年12月31日至2012年12月31日
著色者為環印度洋周邊國家。

圖 6-2 環印度洋周邊股市 2010 至 2012 年漲幅比較

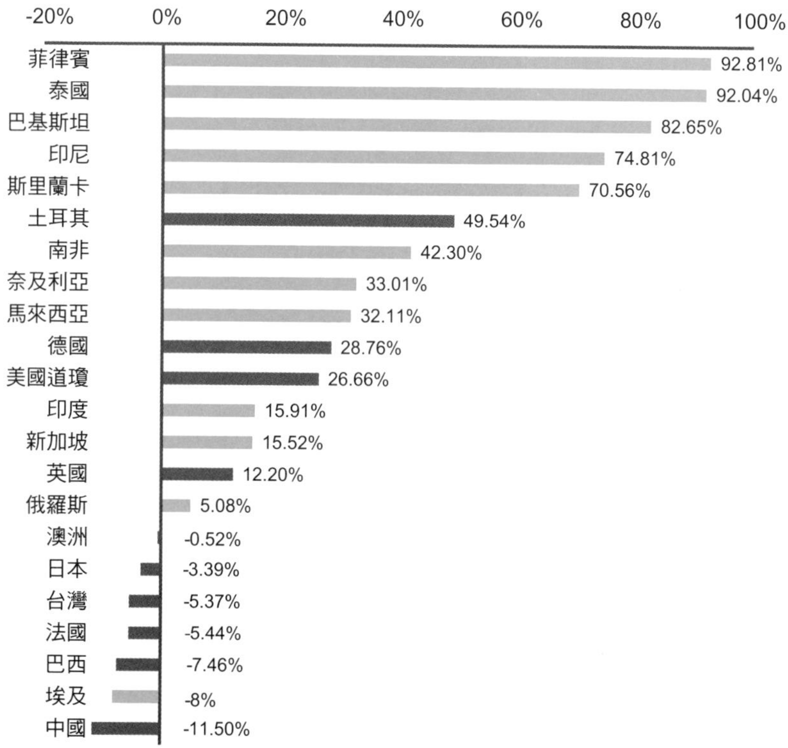

資料來源：彭博資訊，2009年12月31日至2012年12月31日

印度洋周邊國家幾乎囊括了最高漲幅的前十名（圖6-2）。如果再把時間延長至二〇〇七年十二月美國爆發次級房貸風暴的當下，比較這些國家的股市漲幅，會發現環印度洋周邊國家股市的漲幅，與成熟市場股市的漲幅相比，根本就是兩個不同的世界（圖6-3）。

若沒看到數字，一般人很難把這些國際趨勢與實際生活銜接起來。所以，「投資」這件事，眞的不是只有「賺錢」這麼單調，透過對國際關係的反覆思辯，我們可以印證自己看世界的角度是否充分，一來替自己創造與他人不同的格局，二來也可以用投資獲利的方式，當作自己對世界判斷的獎勵；唯有如此才叫眞正的「投資」，才能告別上述「窮忙式」的理財行爲。既然環印度洋周邊所發生的一切，將長期影響我們未來的生活與投資型態，那麼面對這種變化，不必恐慌，更無須憂慮，只要掌握這個區域的政經節奏，就可以氣定神閒地因應未來一切的變化。至於所謂的該買什麼、該買多少，以及入場時機，只是賺多與賺少的差別而已。

圖 6-3 環印度洋周邊股市 2008 至 2012 年漲幅比較

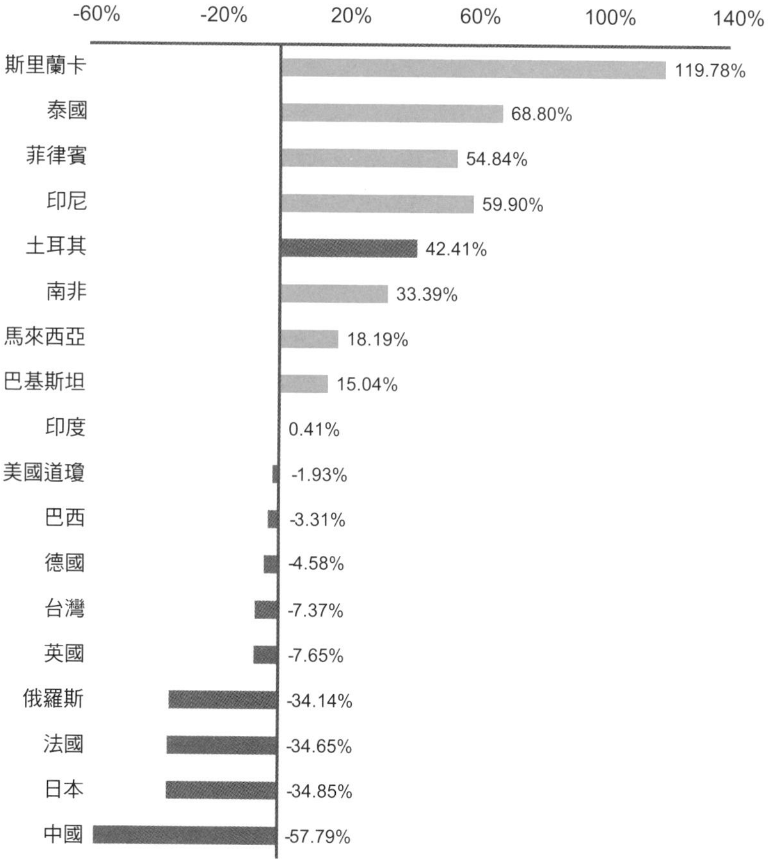

資料來源：彭博資訊，2007年12月31日至2012年12月31日

1股市篇：印度的改革與機會

印度身為金磚四國當中人均所得最低的國家，在可預見的未來，反而是金磚四國中經濟前景最受看好的市場。理由除了一般投資銀行最常提到的人口結構與企業活力之外，印度在二〇一二年九月啓動了九〇年代以來最大也最重要的一波經濟改革，才是未來印度經濟長期看好的關鍵。

其實這場經改對印度的重要性，一點都不輸給中國的結構轉型。因爲印度經濟結構的缺點，就是政治結構決定財政分配、財政分配又干擾基礎建設，最後導致基礎建設拖垮實體經濟。所以印度經濟困境的解決方法，表面上看來是要加速基礎建設，但是實際上，關鍵就在政治制度的轉型。

流於媚俗與討好的施政結構

此話怎講？與實施民主制度的西方國家不同，印度雖然自一九四七年脫離英國獨立之後就實施民主制度，但以中產階級與城市人口爲主的西式民主，移植到以下層階級與農村人口爲主的印度之後，發生了種種扭曲的現象。例如「法律之前，人人平等」的精神雖是民主政治的基本信仰，但印度人受印度教洗禮長達二千年，「種姓」與「階級」才是社會賴以運行與生存的方式，所以，雖然法律訂出來了，但眞正執行的力道卻相當馬虎，法律跟不上社會實際層面，導致處處貪汙盛行，行政效率緩慢。

另外，資本主義經濟制度的邏輯，是讓一小部分的人先富起來，再擴及另外一部分的人；但在印度深受「甘地主義」影響的現實環境中，農村與貧民反而才是國家精神的標竿，所以在這個國度，政府反而要花比較多的成本去對窮苦民眾施予救濟，而不是替窮苦民眾創造收入。連帶所及，就是印度的政黨政治也深受地域、種族、階級、族群與各種團體的影響，使得政府在凝聚共識上，被迫以討好大多數人的既得利益爲主，而無法大刀闊斧地去執行大家最不喜歡、但偏偏又很重要的事業。所以，每當油價走揚，政府就得花費大把的銀子去補貼民眾的燃油價格；每當糧食價格走升，政府寧願花錢購買糧食以壓低糧價，也不願強化農村的基礎建設，去降低農產品在生產、運送與儲存過程中所耗損的成本，逼得政府經常帳赤字逐年增加。

這樣的經濟結構，講好聽一點是照顧窮人，講難聽一點是折磨企業。在國家處於高速增長的情況下，這樣的經濟運作模式或許還能勉強支撐，可是一旦遇到經濟成長急速下滑，這種模式就會千瘡百孔。二〇一二年五月，印度持續擴大的經常帳赤字已經創下歷史新高；六月，因爲陷入財政赤字與經濟放緩的惡性循環，印度遭國際信評機構摘除了投資等級的信評；七月，東北電網的故障，竟導致全印度超過六億人口處在摸黑的世界。一連串壞消息的爆發，使世人一度以爲這塊金磚即將失色。

辛哈以意志力與決心推動改革

用馬克思主義的話語來說，印度這種現象，就是上層建築（意識型態）與下層建築（社會制度）不協調。然而到了九月，隨著政府一波波改革措施的推動，印度似乎又變得比以往更有朝氣了。因爲年屆七十，已經沒有連任壓力的總理辛哈，不但兼任財政部長，也終於放手改革，取消了政府對民眾汽柴油的補貼，並大膽引進外資進入各項具有爭議領域的產業。例如針對喧騰多時的外資投資印度零售銷售市場，在反對黨強力的杯葛下，仍然被辛哈拉上議事日程並強渡關山，而辛哈政府也允許外資投資電信與航空產業，更把國內企業的對外借款稅率，從原本的二〇%大幅下調至五%。至於具有濃厚主權性質的金融業，辛哈也開放了印度的銀行保險給外商經營。從各種角度來看，辛哈打算透過擴大開放與加速競爭，替企業創造最大的利潤，使印度經濟避免再度受到外部環境與補貼民眾的拖累（表6-1）。

說到這裡，不妨把印度的經改與中國的現況做一比對。在一般人的觀念中，實行威權政治的中國，行政效率遠遠高於實施民主政治的印度，所以過去中國經濟發展的速度也一直優於印度。然而，高度的行政效率雖然可以加速經濟增長的步伐，可是一旦政府施政方向錯誤，整個國家都有陪葬的可能；反之，民主政治雖然拖緩了行政效率，但是當政府施政出現盲點，至少還有其他機制可以防止情況惡化。

表6-1 印度啟動二次經改的風險與機會

項目	風險	機會
政治紛爭	草根國大黨六位中央及部長同時請辭，重創辛哈聯合政府的威信。	辛哈無連任壓力，若持續改革可望奠定印度發展基礎。
油價補貼	印度八○%原油靠進口，國家對油價與天然氣的補貼金額，相當於該國醫療與教育支出的總和。	用降低油價補貼的錢進行醫療與教育支出，改善印度的基礎建設與勞力水準。
外資經營零售	外資併購，將迫使成千上萬以中小企業為主的印度零售商面臨倒閉。	整合後的零售商在印度將更具國際競爭力。
外資經營電信、電力、航空業	攸關全民利益的資源，將從國家控制轉移到外資控制，不利政治安定與國家安全。	政府釋出電信與航空等傳統國營資源，可望減輕財政壓力，提升經營效率。
社會風險	八億農民無法立即享受二次經改的好處，且短期內失業率有可能因「改革」而大增。	提升醫療與教育支出，可給八億農民（其中約五億文盲）提供社會安全緩衝。

資料來源：各大通訊社

這裡並不是要比較民主與威權孰優孰劣，可是對照中國和印度就可以很清楚知道，這兩個國家的經濟轉型，某種程度上就是要學習對方的長處。印度下一階段的經濟轉型，成功的關鍵不在於放棄民主制度，而是增加民主制度下的行政效率；反之，中國下一階段的經濟轉型，成功的關鍵也不是放棄威權制度，而是要擴充威權制度下的民主機制。

由此觀之，印度經濟轉型的關鍵，就在領導者堅定的意志與決心。《經濟學人》雜誌就指出，人均所得居金磚四國之末的印度，企業主的勞動成本竟然超過中國，可見當地的勞工法亟需變革，外商投資的規定也要放寬，並且提高金融、教育和基礎建設的標準。另外，政府在電力、煤炭、鐵路和航空旅遊的陣地要收縮，沿襲自英國統治時代的土地買賣規定也要改變，而這些領域所涉及的利益龐大且複雜，改革必然會引發政治動盪，因此成功的關鍵就在政治人物的決心。

這也是爲什麼，辛哈總理啓動的經改，其影響範圍之大可以與一九九一年經改相比擬。辛哈這樣做等於是替企業家創造一個龐大的市場，不但吸引長線資金的持續進駐，更可藉由一連串資金的到位，改善印度長久受人詬病的基礎建設。如今辛哈的激烈改革雖會引發政治動盪，但是對外資交易員來說，無論未來成敗與否，賺錢乃是當前第一優先。至於改革過程中，會有多少民眾因此流離失所、貧富差距又會如何激化社會的對立，這些攸關社會正義與生態永續的議題，對遠在海外的交易員與投資人來說，也就不再重要。

資本市場是現實的，也是冷血的。賺錢的果實由投資人享用，付出的代價卻是由當地人承受。因此，讀者對印度的未來最好要有一個認知，就是這個地方對某些人來說是淘金樂土，但對另一些人來說也會是夢想的破滅之地。印度目前的改革，就等同於中國在鄧小平南巡後走擴大開放的路線，其好處是印度經濟日後會有更多爆炸性的能量，但缺點就是這個國家會有更多的不公不義，這些都會化成政治勢力，對當前的改革集團進行反撲。所以，印度的投資風險不在經濟改革是否到位，而是在保守的政治勢力何時回擊。

這就是資本市場的發展邏輯。投資環境愈是「開放」「自由」「解除管制」，投資報酬就愈有「想像空間」，而且印度又是一個「低基期」的經濟體，對外資與交易員來說，投資就是要買這種政治環境相對友善（民主制度）、政策改革出現契機（管制鬆綁）、經濟發展極度落後（基礎建設）的市場當對象。這就可以解釋，為什麼印度經濟已經遭到下修，長線資金仍不斷進駐。統計自二〇一二年七月二十八日出現大停電以來，外資就開始連續買超印度股市，而到了九月二十三日辛哈總理宣布推動改革當週，外資對印度股市單週的買超力道更超過了十四億美元，這段期間，外資對印度股市甚至連續買超二十二週（圖6-4），不但居全球新興市場之冠，金額更超過二三一億美元，僅次於二〇一〇年的二九六億美元（圖6-5）。

圖 6-4 外資買超印度近 21 週表現（2012 年）

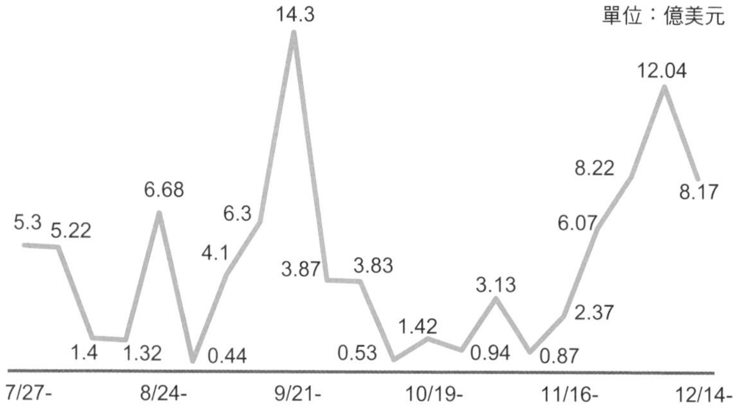

資料來源：EPFR，彭博資訊，2012年7月27日至2012年12月14日

圖 6-5 歷年外資買超印度金額比較

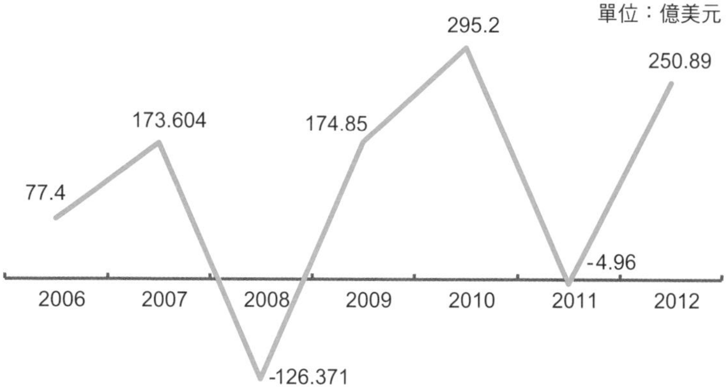

資料來源：EPFR，彭博資訊，2006至2012年

從投資的角度來看，兼具「高成長」與「低基期」特性的印度，是資本家與交易員最愛的市場。目前在台灣可以投資印度的管道相當多元，多數國人是以共同基金參與，至於單純投資印度大盤指數的ETF，在國內有「元大寶來印度指數基金」可供選擇，或是透過券商複委託購買海外的印度ETF也可以。另外，印度也是國人偏愛投資的市場，統計到二〇一二年十月，國人投資印度海外基金的金額高達七〇九・二一億元，是投資金額規模最大的單一新興國家，若加計境內的印度基金，規模共達八二三・一二億元，基金檔數高達二十四檔（資料來源：投信投顧公會，二〇一二年十一月）。

2 股市篇：東協的時代與漣漪

相對於印度要靠改革才能成功，東協經濟發展的前景顯得十分明確。在本書的幾個篇章中已經提過，與其說是投資銀行在東協人口紅利、內需消費、原料蘊藏與基礎建設的預期數據，不如說是美國、中國、印度、日本等各大強權紛紛搶進東協市場，才是這個區域乘勢而起的主因。不過，與印度不同的是，東協是一個由十個國家所組成的集團，而這十個國家彼此在經濟發展上的位階並不相同，因此對投資人來說，到底要挑選區域型基金還是單一國家型基金來布局，始終都是個問題。

如何以交易員的心態看資本市場

對此我想補充的是，在投資世界裡，資本市場的表現與實體經濟其實經常脫勾。從經濟學家的角度來看，當前的世界經濟總是顚簸的、甚至不樂觀的，但是從交易員的角度來看，世界經濟是否顚簸並不重要，能每天替自己的客戶賺到錢才重要。所以，交易員看世界的方式，與經濟學家必然有落差，只是媒體輿論偏偏會給經濟學家比較多的光環與掌聲，所以投資人必須先恢復冷靜，除了聽經濟學家的說法，更要仔細想想：如果你是交易員，在經濟學家所描繪的世界下該做何反應。

從這個角度看投資地圖，會發現投資其實不是我們原本所想像的那樣悲觀。例如在東協地區，雖然各國有不同的經濟能量，但是對交易員來說，它們都是同樣的地方。以「MSCI新興亞洲指數」的權重分布爲例，夠格被編入這個指數的東協國家不過才五個，這五個國家的權重加總只有一四％，而且還是以經濟發展較領先的新加坡與馬來西亞爲主（圖6-6），至於甚受關注的印尼，在MSCI新興亞洲指數的權重只有三％，更別提中南半島的緬甸、越南和寮國等後起之秀，現在在資本市場中尙無任何地位可言。

所以如果你是交易員，當市場看好東協時你會怎麼做？有關區域型基金與單一國家型基金的波動比較，一般人總有種主觀的假設，認定區域型基金會比單一國家型基金更能分散風險。不過在東協市場，這種假設行不通，因爲對資金來

圖 6-6　MSCI 新興亞洲指數分布

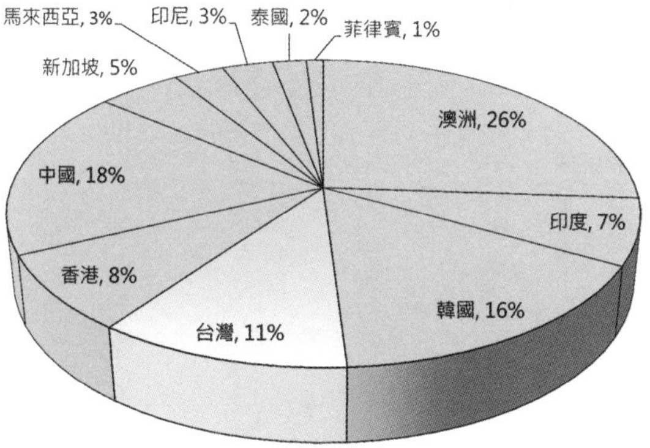

說，東協股市的規模較小，所以同樣一筆錢，如果印尼的胃納量不夠大，就必須分散一點到隔壁的菲律賓，甚至再分一點給泰國；反過來推，當資金現在極度看好菲律賓，但是在菲律賓只占東協股市權重六%的限制下，同一筆資金也必然要外溢到泰國、印尼。於是，在投資東協的過程中，國家只對經濟學家有意義，對交易員來說反而不那麼重要。這是從波動度來看，東協區域型基金和東協單一國家型基金差不多高的道理。

別忘了，歐美的交易員本身並不是多麼聰慧的經濟學家或趨勢大師，他們多半是在大學畢業後，莫名其妙地進入這個圈子當起交易員而已，所以不必期待他們會有洞燭機先的能力，只要掌握他們必須日日找機會、找藉口幫客戶賺錢的心態即可。

了解這個狀況後，再來看東協區域的投資，困惑就不會那麼大了，因爲這個區域現在所有的行動，都是透過區域進行整合，而不是透過單一國家，所以要關注的是，東協和全球主要的經濟體作爲一個整體，達成了什麼默契，或是要進行什麼樣的合作；只要方向確定了，這個區域內十個國家所得到的好處，其實也只是多寡之分而已，無礙於整個區域發展的大局。

基期低是東協最大的投資優勢

伴隨中國和美國勢力的進入，東協的經濟命運在二〇一二年底又獲得一股生機！在二〇一二年十二月二十一日結束的「印度－東協紀念峰會」中，雙方完成了自由貿易區（FTA）談判，並正式建立「戰略夥伴關係」，而且印度和東協之間到二〇一六年將有八〇％的物品免關稅。

其實，「中國與東協自由貿易區」已實施了兩年，在中國內需的撐腰下，東協出口快速上揚，二〇一二年雙邊貿易額度達三、六三〇億美元。儘管印度和東協之間二〇一二年的貿易額才八百億美元，但隨著戰略夥伴關係的底定，東協未來在經濟位階上可望「再升級」（表6-2）。根據印度和東協的雙邊協議，在

FTA完成後，兩造的貿易金額在二〇一五年時，會從二〇一二年的八百億美元增加至一千億美元，到二〇二〇年更將達成二千億美元的目標，年增長率約爲一四～一五%，遠高於二〇〇八至二〇一二年的一〇～一一%，這樣的力道等於是以四五%左右的速度在成長。儘管東協十國GDP規模的加總大於印度，但若拆成單一國家來看，這樣的貿易增

表6-2 東協、印度、中國自由貿易區基本資料

項目	中國	東協十國	印度
2013年預期 GDP增長率	8.3%	6.2%	5.4%
GDP規模	7.99兆美元	十國共計2.4兆美元，最大為印尼0.92兆美元	1.77兆美元
2012年 股市漲幅	上證：-2.70% 國企：13.01%	泰國33.95% 寮國33.92% 菲律賓33.31% 新加坡19.54% 越南17.56% 印尼11.20% 馬來西亞8.37%	24.50%
與東協貿易金額	3,630億美元	-	800億美元
人口數	13億	6億	12億

資料來源：世界銀行、摩根士坦利、彭博資訊，2012年12月23日
貿易數據以2012年1至10月為計算金額。瀚亞投資整理

長對小國大大有利，這就是爲什麼，東協各國在經貿事務上向來喜歡以區域爲代表，而不會以單一國家爲代表。

也因爲東協是一個經濟基期比中國、印度更低的市場，所以資本市場必然也會對這種比較容易看到GDP增長的市場投以關注。根據瑞士信貸（Credit Suisse）和亞洲開發銀行的報告顯示，在綜合國家財政、政治穩定與國家競爭力等三大指標後，東協所有國家中，就屬印尼和菲律賓皆爲八分最受看好，馬來西亞和泰國以七分居次，印度和中國以六分緊追在後。從基礎建設發展的角度來看，東協早已取代中國和印度，成爲亞洲固定投資與外資投資最看好的市場（圖6-7）。

圖 6-7 亞洲各國基礎建設實力，以印尼和菲律賓最具機會

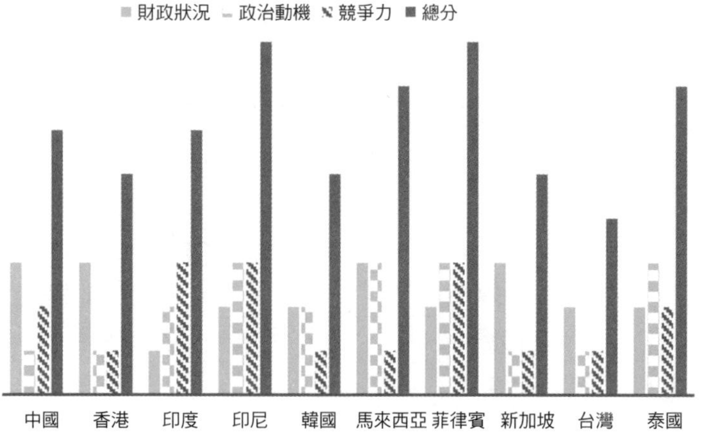

資料來源：瑞士信貸、亞洲開發銀行，2012年9月

不過要提醒讀者的是，雖然東協經濟前景看好，但國家之間的經濟落差很大，在投資上要特別注意不同國家所面臨的風險與威脅。例如中南半島的緬甸、寮國和柬埔寨，雖然經濟增長的速度遠高過其他國家，但資本市場的規模過小，金融發展管道也欠缺，必然會有遠高於一般國家的波動度與風險，而這個波動度一旦擴散也會對東協區域造成影響。因此建議看好這個區域的讀者，除了對既有的星、馬、泰、印尼、菲律賓投以關注之外，更要注意中南半島局勢的變化。

目前國內可以布局東協區域的金融工具，也是以共同基金爲主，其中東協區域基金有八檔、星馬區域基金有三

圖 6-8 東協區域基金與單一國家基金比較

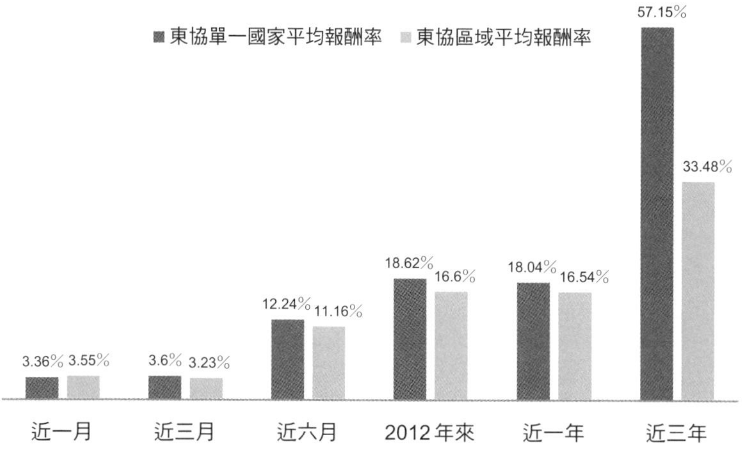

資料來源：Lipper Global，新台幣計價，2012年12月31日

檔。單一國家方面，泰國基金八檔、新加坡基金四檔、印尼基金六檔、馬來西亞基金四檔、菲律賓基金一檔。根據實際的績效數據可發現，這些單一國家基金，表現雖然時好時壞，但也代表資金都在東協不同的國家之間輪轉，因此無論是單一國家型基金還是區域型基金，只有投資三年以上才能看得出差異，如果是以一年為期，我們會發現兩者相差其實不遠（圖6-8）。

3 股市篇：非洲的舞台與企圖

同樣屬於環印度洋，可是說到投資非洲股市，與印度和東協相比起來，能選擇的金融工具就少得多了。一來非洲的金融發展還在起步階段，二來即使非洲各國的經濟前景相當看好，但是在資本市場裡，經濟實力較弱的南非反而才是非洲股市投資的主角。根據統計，南非的GDP產值占整體非洲大陸的二五%，但股市權重卻占整體非洲股票指數的七五%。因此，要投資非洲市場，讀者必然要放下對其他非洲國家經濟高速增長的想像，先學習與南非這個經濟增長較低的國家和平共處。沒辦法，誰教南非的金融市場在非洲起步最早，這個道理就如同布局東協區域基金，必然也會受到新加坡和馬來西亞的牽絆一樣。

不過講到非洲市場，一般投資人最先的理解，可能會是「歐非中東」。事實上，歐非中東跟一般指的「非洲」，無論在產業型態、宗教信仰、社會文化還是經濟增長上，差距都是十萬八千里。

歐非中東，不等於非洲

所謂的「歐非中東」（Emerging Africa, Europe, Middle East），指的是北非、東歐和中東等地，在這片區域裡，俄羅斯、波蘭、土耳其、沙烏地阿拉伯與埃及才是經濟和股市的主角。反觀非洲，指的通常是撒哈拉沙漠以南（Sub-Sahara）的非洲國家，在這裡，南非、肯亞、奈及利亞、迦納等國才是主角。**兩者的差別，就是歐非中東的經濟增長與全球大宗商品價格密切相關，而撒哈拉沙漠以南非洲國家的經濟增長，與非洲大陸的內需消費、歐洲甚至新興市場的出口貿易有關。**經濟結構不同，觀察變數也不一樣，投資人準備布局非洲市場前應先有所認知。

雖然國人對非洲投資相當陌生，但距離我們遙遠的南非股市，卻是金磚五國之中，二〇一二年唯一一個股市突破歷史高點的國家。其實不只是南非，從二〇一二年的聖誕節往前回推六個月，還有五個非洲國家的股市漲幅超過一〇%；儘管經濟規模很小，但相關股市已經先反映了非洲長期的發展潛力（圖6-9）。

或許有人會問，股市都已經漲了一波，未來還有機會嗎？套用在非洲市場，這其實是個假議題，因爲所謂的「漲多修正」，前提必然是「資金容易進出」與「市場規模夠大」——只有在市場規模夠大的股市，賺個五～一〇%的報酬，對資金來說才有足夠的財富總量。但是對於非洲這種金融市場才剛起步、股市規模又非常小的區域來說，股市上漲一〇%所帶來的財富效應，遠小於歐美大型股市上漲一%。此外，資本流動講求的是效率，唯有在技術門檻與交易成本低的市場，資金才能發揮最大的槓桿與效率；要是有資金管制，市場上的資金就無法形成羊群效應，而少了羊群效應，資金就不會有大進大出的疑慮，自然也不會有急漲急跌的風險。所以，目前非洲金融市場的發展還相當原始，但這些既存資金都是屬於小額的長線資金，這也是以南非為主的非洲股市，可以在波動度方面小於已開發國家、甚至新興國家股市的道理。

圖 6-9 非洲主要股市 2012 下半年漲幅

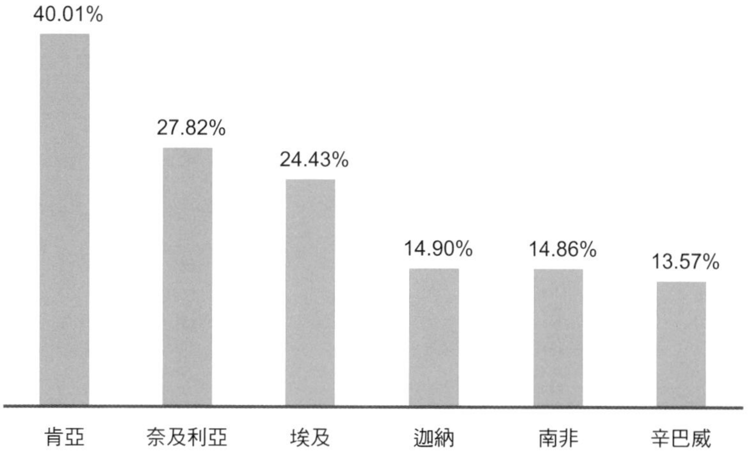

資料來源：彭博資訊，2012年12月24日

了解非洲基金與歐非中東基金在經濟結構上的不同之後，再來選擇布局非洲的金融工具，就可以有更清楚的輪廓。目前國內單純聚焦在非洲的基金只有兩檔，分別是台幣計價的「瀚亞非洲基金」，以及美元計價的「摩根非洲基金」。至於其他有包含非洲，但投資範圍擴及東歐與中東的歐非中東基金共有五檔。從表6-3的數據可以發現，無論是瀚亞非洲基金還是摩根非洲基金，基金投資的長期績效都全面領先歐非中東基金。表面上看來，這似乎是告訴投資人，非洲比歐非中東具備更大的投資報酬率，不過在此要建議讀者的是，基金績效的好壞都只是過去表現的結果而已，非洲基金的績效表現之所以勝過歐非中東基金，不是因爲中東股市表現不佳，而是因爲非洲股市的波動比歐非中東股市小，因此在財富累積的效果上，非洲反而勝過歐非中東。

另外，無論是MSCI歐非中東指數，還是MSCI非洲指數，南非都是權重最大的單一國家。兩者最大的差別在於，在歐非中東指數中，俄羅斯的角色相當重要，因此歐非中東指數受國際油價的影響甚深，波動也較大。反觀非洲指數，除了南非之外，剩下的就是奈及利亞、埃及、肯亞、迦納等權重較小、即使波動高也不致影響整體指數的國家。這也是非洲基金會比歐非中東基金更穩的原因，所以即使兩者地緣相近，但指數結構的不同，卻會造成截然不同的效果。

表6-3 非洲基金與歐非中東基金績效比較（%）

	基金名稱	近一月	近三月	近六月	2012年以來	近一年	近三年
非洲	瀚亞非洲證券投資信託基金	5.83	3.06	11.57	15.76	15.62	20.04
	摩根非洲基金 A股 累積 美元	5.71	1.71	11.96	17.6	18.47	21.42
歐非中東	歐義銳榮歐非中東新勢力基金 R	6.97	2.16	12.33	11.82	11.54	-0.08
	富達基金-新興歐非中東基金 A股 累積 美元	6.11	2.99	13	16.4	16.28	12.75
	摩根新興歐洲、中東及非洲基金(美元) A股(分派)	5.96	2.56	13.04	16.79	17.01	6.9
	摩根士丹利歐洲、中東及非洲新興股票基金 A 歐元	5.44	3.75	12.46	15.43	15.54	-0.33
	安泰ING中東非洲證券投資信託基金	3.49	0.29	2.4	4.44	4.44	-3.26

資料來源：Lipper Global，2012年12月24日

4 債券篇：東亞當地貨幣債券趨勢成形

除了股票，一般投資人最熟悉的資產就是債券；特別是對比較保守穩健的散戶投資人，以及追求穩健收益的機構法人與退休金來說，債券資產往往比股票更適合當作長線布局的標的。不過，目前債券市場上有個生態，就是伴隨美國、歐洲和日本極度的低利環境，占據債券市場最大份額的成熟國家政府公債，殖利率逼近於零，使得資金必須另尋去處。也因爲如此，包含投資等級債、新興市場債、甚至高收益債，才會成爲過去兩年國際資金淨流入的主要對象。

不過，即使在投資等級債與高收益債的領域，美國也占了近八〇%的份額，所以當原本停留在美、歐公債的資金，被迫轉往收益稍高的投資等級債與高收益債、並長期持續一段時間之後，就變成這些債券的殖利率也會愈壓愈低。這種情況到二〇一二年底時最爲明顯，例如已經連續上漲四年的「美林高收益債券指數」，價格已經來到一〇三點，與二〇〇七年高收益債多頭時期高點的一〇五點相比，上漲空間已經相當有限，連帶地使高收益債的殖利率，從三年前的一六%收斂到只剩六．〇四%（資料來源：美林美國高收益債指數，二〇一二年十二月二十五日）。

這就意味著，**未來債券市場會出現很大變化，原本占據市場份額較少的新興市場主權債與公司債會日漸擴大資產規模，成爲資金的新去處。**例如根據美林統計，二〇一二年以來，資產規模增長率最高的三類債券，分別是不動產抵押證券的三三．三〇%、新興市場債的一九．九〇%，以及高收益債的一五．九〇%。儘管從金額來看，投資等級公司債的吸金總量超過新興市場債與高收益債的總合，但從類型增長的幅度來

圖 6-10 各類資產 2012 年規模增長與流入金額

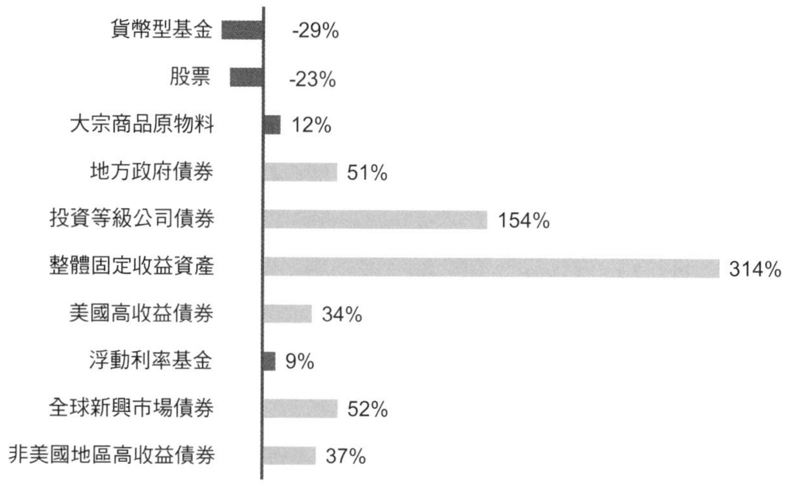

資料來源：BofA Merrill Lynch Global Research, EPFR，2012年11月29日

看，非美國的高收益債與新興市場債，反而遙遙領先美國高收益債與投資等級公司債，過去向來以美國和歐洲為主的債券資產，已經面臨資金鬆動與移轉到新興市場的趨勢（圖6-10）。

比較特別的是，在債券市場中，所有債券的利差，都要與美國十年期公債殖利率相比才能呈現；這樣的結構，讓美國十年期公債殖利率成了衡量所有金融資產價格的指標。所以，當美國十年期公債殖利率上升，就代表市場資金棄債轉股（因為股市的報酬在此時高於公債）；反之，若十年期公債殖利率下降，就代表市場棄股轉債（因為債券的微幅報酬，在此時會勝過價格下跌的股票）。也因為這樣，所以在過去三年，隨著股市波動愈來愈大，市場資金不斷往債券市場移動，此舉不但拉低了美國十年期公債殖利率，同時也收斂了其他信用債券的殖利率，造成債券資產在面子上瘋狂吸金，但裡子上卻面臨報酬率連年下降的事實。

更重要的是，隨著二〇一二年十月以來全球股市明顯好轉，美國十年期公債殖利率也自當時持續上揚，到二〇一三年二月一度超越二％，使得殖利率收斂到三％附近的投資等級債券，以及殖利率收斂到五．八％左右的非投資等級債券（高收益債），喪失了過去兩年強大的吸金能力，使得利率相對較高、又有匯率升值題材的新興市場債，成了二〇一三年債券交易的主流。所以，過去債券主要是以美國或美元發行的債券爲交易對象，未來隨著美國信用債券殖利率的下降，以當地貨幣計價的新興市場債、甚至是亞債，反而會愈來愈受交易員的關注。

新興市場債，魔鬼藏在細節裡

不過，這並非指新興市場債是債券市場的唯一答案。畢竟受到歷史的影響，新興市場債的指數編列多以拉美或東歐爲主，而國際資金長期布局拉美或東歐爲主的新興市場債券，當然也會導致這兩地的債券殖利率被壓縮。目前美元計價的新興市場債，殖利率約在四~五%左右，新興市場債券的殖利率已被龐大的資金進駐給拉低。更重要的是，債券投資講求的是低波動與穩健報酬，可是以東歐和拉美爲主的新興市場債指數，偏偏又與原物料指數呈正相關，而在全球主要經濟體紛紛轉型的當下，大宗商品的超級循環又告結束，因此未來布局新興市場債的投資商品，必須從中慎選，先求利率與匯率波動穩健，再追求報酬較高的標的。環顧全球的新興市場債券，能夠符合這個標準的只有亞洲債券，其他就是包含東協、南亞、甚至非洲在內的新興市場債券。

在南亞，資金流向已經說明了一切。例如看好印度改革與央行放寬外資投資印度債券額度，外資在二〇一二年九、十兩個月買超印度公債約十六億美元，帶動印度公債大漲一．八一%，也讓印度盧比在二〇一二年全年對美元的跌幅，從一〇%以上縮小至二．二八%。另外，看「HSBC亞洲當地貨幣債券指數」可以發現，印度和印尼這兩個環印度洋國家，當地公債在二〇一二年也分別上漲一〇．

圖 6-11 亞洲當地貨幣債券 2012 年漲幅

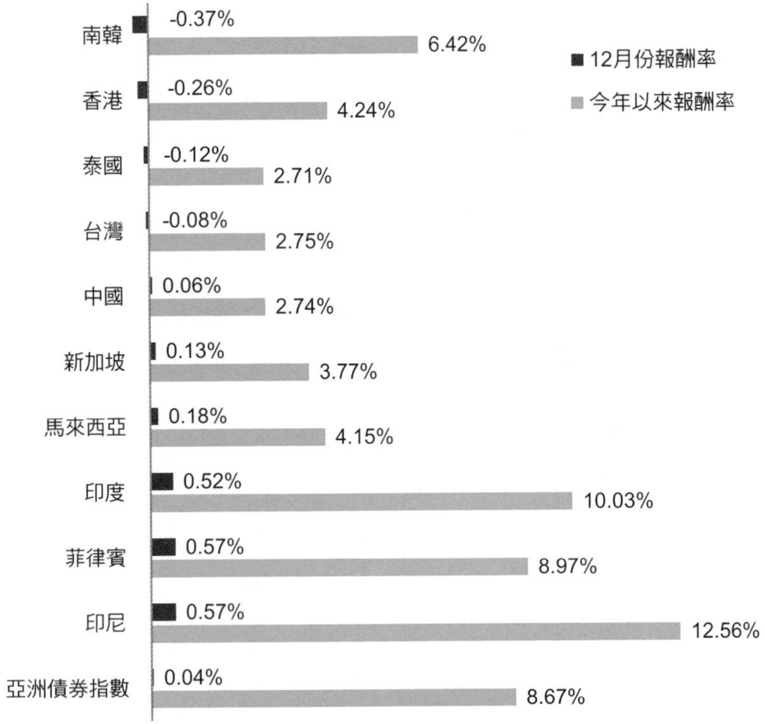

資料來源：彭博資訊，2012年12月14日

○三％與一二．五六％。另外，菲律賓當地公債上漲八．九七％，韓國公債也上漲六．四二％，至於其他新興亞洲的公債報酬則介於二．七～四．二％，連帶也使「HSBC亞洲當地貨幣債券指數」全年上揚八．六七％（圖6-11）。

對交易員來說，新興市場在利率與匯率上的優勢，是選擇新興市場債券的誘因。而當我們把層次拉高，觀察全球經濟再平衡的過程，就會發現高速增長的新興市場，在擴大購買力的同時，就要把維持利率穩定當作優先選項；因爲只有利率穩定，經濟才能持續溫和發展，然後推升民眾的購買力。當然，歐美國家的低利政策會使全球資金供給過剩，並進一步造成新興市場的通膨壓力，不過對新興市場來說，利率的穩定比匯率的穩定更重要——寧願讓匯率升值，也不能讓利率一次反映。所以對交易員來說，新興市場的匯率本身就有交易題材，若再加上原本就高於歐美國家的利率，新興市場的當地貨幣債券資產，未來會更具吸引力。

當然，讀者也別忘記，交易員只在乎獲利，不在乎經濟，因此即使新興市場具備利率與匯率的題材，但只要世界經濟或某個新興市場國家發生動盪，這些歐美出身的交易員，還是會把資金撤回他們自己最熟悉的資產——歐美債券或歐美股市上，並造成新興市場資產的高度波動，甚至衝擊到經濟增長。這就是金融市場中的莊家優勢，只有莊家能掌握遊戲規則並提供資本。若要克服這種交易上的結構性缺陷，新興市場只有逐步透過增加發債與貨幣國際化的方式，降低歐美國家對全球金融市場的干預力道。這就可以解釋為什麼新興市場國家是如此熱衷發行公債與企業債，更可以解釋為什麼中國要積極推動人民幣國際化，並鼓勵在國際場合上，用一籃子貨幣取代美元，當作超主權貨幣的原因。

從這種發展的軌跡來看，抓緊新興市場當地貨幣債券的發行趨勢，準沒錯。如果要講求收益穩定，經濟規模最大、經濟增長最強，但匯率波動卻又最低的亞洲，自然是新興市場當地貨幣債券的主角。

單從報酬率來看，即使是亞洲當地貨幣債券，漲幅也未必比新興市場債超過一〇%以上的報酬更高，可是從資產規模來看，根據理柏統計，亞太區債券型基金（含政府債與公司債）的規模，卻從二〇一〇年的七十八億美元，到二〇一一年增加至一百三十八億美元，成長幅度高達七六・一二%，而且這樣的增長速度在二〇一二年還持續加快，統計二〇一二年的前十個月，亞太（不含日本）企業發債規模已逾一、二七〇億美元，超過去年總發行規模五五〇億美元的兩倍。

人口趨勢刺激東亞、南亞與東協債券發行

這代表什麼意思呢？亞洲經濟成長快速，企業的轉型和當地人口老化對固定收益資產的需求，都會促使亞洲政府與企業增加債券的發行量，而較高的經濟增長率，也是刺激市場買盤持續承接亞洲債券的主因。所以，相較於一般投資銀行只強調亞洲經濟增長率較高、匯率升值潛力較大、甚至國家信評提升趨勢等說詞，眞正促使亞洲債券在買盤上展現爆發力的，是亞洲眾多老年人口所創造的退休需求，以及年輕人口所創造的財富效應。

另一方面，如同前面所述，亞洲基礎建設的擴張，對債券發行有正面效果。特別是印度與東協持續擴大的基礎建設，會讓亞洲債券的發行出現由北向南移動的趨勢，因爲基礎建設需要龐大資金，以目前東協與印度的財政狀況，以及對基礎建設急切的需求程度，只有透過發行債券，才能募集足夠的資金，立即進行基礎建設，並在基礎建設完工後，透過持續增長的經濟，當作還債的資本。

這樣的結構不只反映在東亞，東南亞和南亞也有類似的發展。例如在二〇一二年一至五月，東南亞政府公債與公司債的發行總量已達五百六十四億美元，不僅較二〇一一年同期大幅成長六〇%，也是歷年同期的新高量。即使是投資行爲保守的日本家庭主婦，在二〇一二年也改變了過去對金磚四國的投資習慣，轉而擁抱東南亞和其他新興市場的債券。「野村證券」甚至指出，茁壯的中產階級

圖 6-12 東南亞債券規模增長快速

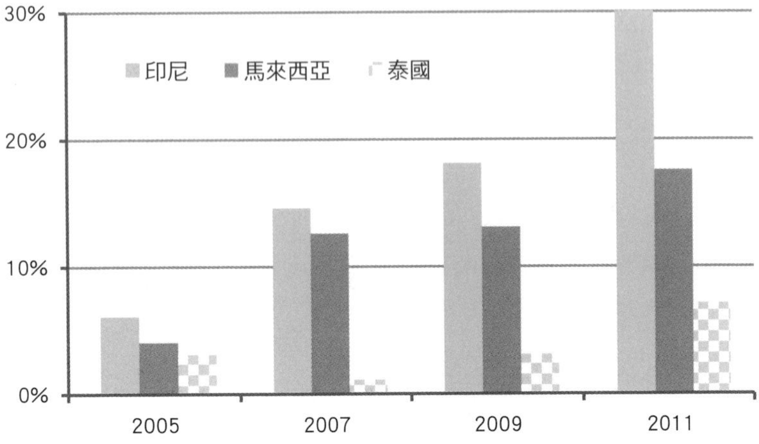

資料來源：亞洲開發銀行，2012年9月

圖 6-13 亞洲債券基金與新興市場債券基金績效比較

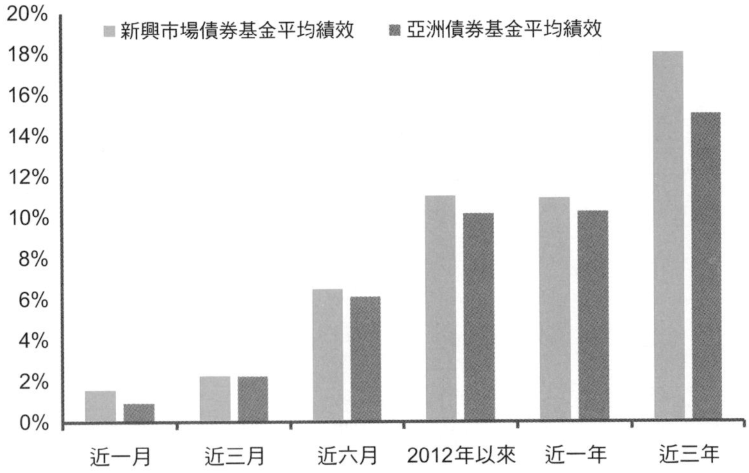

資料來源：Lipper Global，2012年12月24日

驅動東南亞消費者支出，而東協自由貿易區則帶動區域貿易加速擴增，使這個區域較能承受全球經濟降溫的衝擊。所以UOB資產管理公司便跟進，指出許多基金經理看好東協的債券、尤其是當地公司債的獲利機會，進而也使國際投資人逐年增加了對印尼、馬來西亞、甚至泰國的債券持有比率（圖6-12）。

目前國內的新興市場債券雖有七十檔，但是其中聚焦在亞洲的債券基金只有二十二檔，雖然從績效來看，亞債稍微落後，但是衡量亞洲國家較低的波動度，也難怪市場資金對亞洲債券的青睞會勝過拉美債與東歐債（圖6-13）。

當然，除了東亞、南亞和東協，另一個新興市場債的投資亮點——非洲債券，也在經濟高速增長的加持下，成為交易員的新歡。

5 債券篇：非洲債券交易宜步步為營

提到非洲債券，不免令人心生疑惑。在這樣一個充斥政治動盪與戰亂的地方，國家怎麼可能還得起債？這樣的迷思其實大錯特錯，因爲根據實際統計，同樣都是新興市場債，中東非洲的債券實際違約率一直保持在一％以下，而亞洲與拉丁美洲的實際違約率爲二％，新興東歐債券的實際違約率則是四％。所以，國際知名的主權基金阿布達比投資公司（Invest AD）就在二〇一二年十一月宣布發行一檔投資於中東非洲債券的固定收益基金。

這是非常令人訝異的事。無獨有偶，台灣的復華投信也在幾乎同一段時期，於國內成立了首檔以南非幣投資南非債券的基金。這檔基金申報時的募集金額上限是一百二十億元，雖然募集期間已經逼近年底，但銀行理專和投資大眾還是很捧場，讓復華投信順利以九十億元的募集金額報請成立。

這種市場突然追捧非洲債券的跡象，其實早在二〇一一年底就開始出現。據

Dealogic統計，二〇一一年全球的發債額較二〇一〇年減少六％，但撒哈拉以南非洲國家的發債金額，在二〇一一年卻比二〇一〇年劇增一七％，並創下一二四億美元的新高紀錄。市場分析師紛紛表示，撒哈拉以南非洲國家及企業所發行的債券，除了殖利率較高之外，該地區與全球市場的連動相對低，也是深受客戶青睞的主因，這也讓非洲債券的走勢得以獨立於國際氛圍之外。反觀新興市場債券，近來卻經常受到全球經濟走勢上下起伏的衝擊（表6-4）。

受此影響，跟著發行債券的非洲國家開始增加。尚比亞在二〇一二年九月標售了七．五億美元的十年期全球公債，奈及利亞也在同一時間售出三千萬奈拉（約一九．二萬美元）的五年期債券；肯亞和盧安達也計畫在二〇一三年加入發行債券的行列。根據彭博資訊統計，目前南非、奈及利亞等

表6-4　非洲主要國家債券殖利率一覽

國家	公債殖利率	債信等級	債務占GDP比	2013年預期GDP
奈及利亞	13.4%（十年期）	B+	17.9%	6.7%
尚比亞	11.5%（五年期）	B+	48.9%	6.1%
肯亞	10.2%（十年期）	B+	27.6%	5.6%
南非	7.2%（十年期）	A	34.1%	3.0%

資料來源：彭博資訊、標準普爾

國長期公債殖利率皆超過七%，債務占GDP比重介於一七～四九%，明顯低於歐洲、美洲、甚至亞洲等主要國家，在財政體質穩健、經濟成長確定，且同時具有高殖利率題材的推升下，非洲債券反而持續吸引資金轉進當地。

非洲債券投資不是穩賺就行

當然，剛起步的非洲債券，在資本市場上也不是十拿九穩。例如象牙海岸在二〇一一年即因選後暴力蔓延全國，導致有二十三億美元的債券出現違約。另外，許多非洲國家的經濟大體上仍高度依賴輸出商品，這意味著只要全球對原物料的需求出現逆轉，都將嚴重衝擊這些原料出口國的經濟前景。再者，也因爲非洲債券市場才剛起步，偏低的流動性雖有助於降低當地債券與全球市場的連動性，可是一旦爆發基金贖回，流動性也可以成爲非洲債券價格的殺手。

不過，非洲債券的前景還是深受國內外投資人的青睞。雖然到二〇一二年十二月爲止，台灣只有一檔「復華南非傘債基金」，但隨著非洲經濟的高速成長，以及已開發國家既有債券殖利率被拉低的壓力，市場資金必然會前往東協、南亞、甚至非洲等地，尋找波動度與違約率差不多低，但收益卻更高的金融商品。這是環印度洋地區在資本市場上的一大變化。隨著歐美債券的殖利率被壓低，東歐與拉美債的殖利率也大不如前，如果後起之秀的南亞、東協與非洲能夠在政治環境上保持穩定，那麼較高的殖利率與更低的違約率，必將吸引國際資金前進當地債市與匯市，進行長期布局。看來除了股票之外，這個地區的債券，未來也會成為新興市場資產的另一個新故事。

6 匯率篇：零利率時代，高息貨幣成寵兒

扣除大宗商品的期貨交易，以及比較常聽到的股票與債券，習慣定存的台灣民眾，對外幣投資反而有較大的興趣。不過相較於股票和債券，匯率市場的走勢其實更難拿捏，因爲每天在金融市場上交易的金融商品中，匯率是首要標的，其次是與匯率及利率連動較大的債券，再其次才是股票。尤其在外匯交易中，影響匯率走勢的因素非常多，除了政治、經濟等基本面的因素，跨境資金的流動其實才是影響短期匯率走勢的關鍵；所以一般金融機構很少會提供匯率預測，不是因爲用基本面去預測匯率太難，而是現行的分析工具很難掌握跨境資金交易的節奏。

所以，一般討論匯率投資，通常會避開成交量小的貨幣。環顧當前主要的貨幣，扣除美元、歐元與日圓這三種強勢貨幣，還可以當作主要交易的貨幣大體不脫加拿大幣、澳幣、紐幣與南非幣等「商品概念貨幣」，或是瑞士法郎、新幣、

港幣、英鎊等「國際交易貨幣」。「國際交易貨幣」不難理解，這些貨幣在國際上交易已久，流通性較佳，不過跟美元、歐元、甚至日圓相比，這些貨幣在交易上並非儲備貨幣，也由於經濟實力不如美、歐、日，所以不算是強勢貨幣。

那麼什麼叫「商品概念貨幣」？意思就是這些貨幣的匯率走勢，與國際商品價格有密切的關連。例如加拿大盛產石油，因此加幣的走勢與油價的連結較高；澳洲盛產鐵礦，因此澳幣價格與鐵礦砂的價格走勢成正比；至於紐西蘭主要仰賴農作物出口，因此紐幣與農產品價格的關連性較高；南非則是黃金出口第三大國，因此南非幣與金價的走勢就很接近……這些商品概念貨幣，雖然也是國際上主要的交易貨幣，但其波動度與商品走勢相當，算是風險較高的貨幣。

當然，部分新興市場貨幣也會在國際間交易，例如巴西黑奧、俄羅斯盧布、墨西哥披索、韓圜、新台幣或是土耳其里拉。不過，國際上幾乎所有的大宗商品都是以美元計價，多數國家的外匯儲備也是美元、歐元、日圓等強勢貨幣，因此即便新興市場有自己的貨幣，若要在國際上進行交易，還是得把本國貨幣換成外國貨幣才能完成。這是新興市場呼籲全球要進行貨幣改革的主因之一，一來是要避免美元危機的限制，二來也是希望增加自身貨幣的交易量，強化國家在全球金融領域上的發言權。不過，這又是一個新的議題，未來有機會再談。

回歸到投資本身，投資外幣賺的不外乎「匯差」與「息差」。只要匯率波動高，投資人在匯差上就有套利的空間；反之，即使某種貨幣的匯率波動較低，但倘若該國的利率較高，穩定的利率反而可以降低高波動的匯率風險。這也是最近兩年高利定存商品熱賣的原因，而且當這個高利商品所指涉的貨幣交易量又大時（如澳幣），這種高利貨幣定存自然會受到投資人青睞。不過提到高利定

圖 6-14 亞洲各國政策利率比較

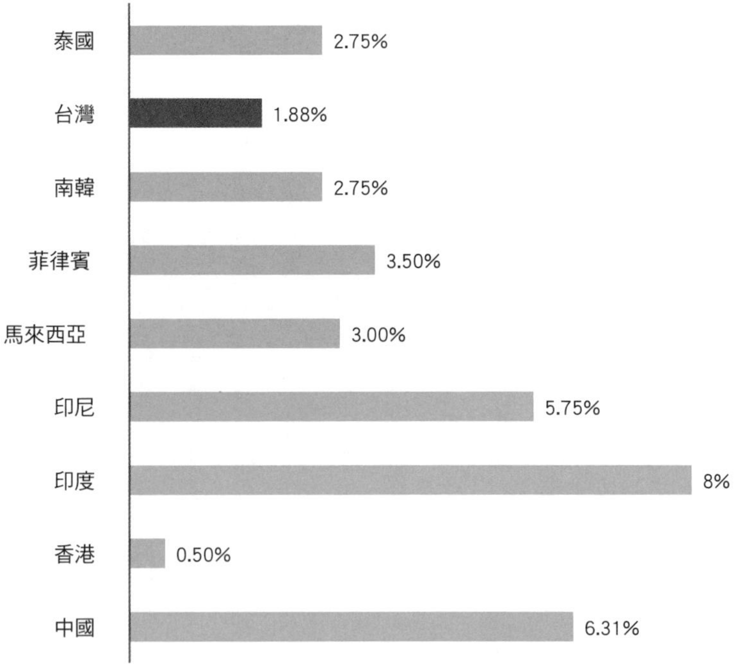

資料來源：彭博資訊，2012/12/19

存，台灣投資人的選擇並不多。

舉例來說，隨著已開發市場把利率愈壓愈低，紐幣、澳幣等原物料貨幣的利息，與過去相比也愈來愈沒競爭力，所以在匯率定存這塊領域，定存利率介於三．五～四％上下的南非幣定存，近年來在市場上冒出頭。同樣的，在亞洲地區，當日圓、新幣、甚至港幣已漸漸失去吸引力，以中國人民幣、印度盧比、甚至印尼盾為主的高利貨幣，開始成了海內外投資人尋求管道投資的標的。這一點，從新興亞洲各國的政策利率高低即可看出端倪。在亞洲範圍內，沒有國家在貨幣定存上會是中國、印度和印尼的對手；也難怪，這些國家發行的債券可以持續受到國際投資人的追捧，因為光是賺利息，國際資金就可以達成至少近六％的報酬，更別提這些國家貨幣日後匯率上漲的潛力（圖6-14）。

在人民幣存款方面，目前政府已經開放民間銀行業者進行人民幣的存款業務，並且開放投資中國境內的有價證券與債券，國內的投信、壽險與銀行業者也紛紛推出相關的理財商品（表6-5、表6-6、表6-7）。其實，不管是哪一家業者推出的理財商品，對讀者的作用，不外乎就是投資（股票、基金）、定存（貨幣），以及固定收益（債券）。在這裡，我不會替讀者決定哪一種理財商品比較好，因為理財商品並沒有好與壞，只有對投資人適合與否。但我們必須從這層角

表6-5 國內金融機構推出的人民幣計價商品

發行機構	商品類型	內容
中信銀	結構型商品	定存與選擇權，報酬率0.5-7%
第一金人壽	變額年金險	三檔人民幣ETF及人民幣貨幣帳戶、保費1.5-2.5%
中信人壽	變額年金險	四檔人民幣ETF及人民幣貨幣帳戶、保費1.5-3%
國泰人壽	變額年金險	四檔人民幣ETF、保費3.8-4%
富邦人壽	變額年金險	兩檔人民幣ETF及人民幣貨幣帳戶、保費2-3%
中國人壽	變額年金險	四檔人民幣ETF及人民幣貨幣帳戶、保費2-3%

表6-6 金融市場各天期人民幣最高存款利率

期別	銀行	利率%	優惠截止日
3個月定存	元大、星展	3.50	2月28日
6個月定存	台北富邦	2.30	3月29日
9個月定存	澳盛	2.88	3月29日
12個月定存	萬泰	2.58	5月31日

表6-7 國內壽險公司的人民幣保單商品

公司	商品名	連結標的	最低投保門檻	手續費
國泰人壽	金還鑽變額年金保險	華夏滬深300ETF、南方富時中國A50、易方達中證100A股、嘉實MSCI中國A股	首期兩萬元人民幣，之後每期五百元人民幣	申購金額0.5%
富邦人壽	優越變額年金保險	華夏滬深300指數、南方富時中國A50	每期五百元人民幣	申購金額2-3%
中國人壽	中國強外幣變額年金保險	華夏滬深300ETF、南方富時中國A50、易方達中證100A股、嘉實MSCI中國A股	首期兩萬元人民幣，之後每期四千元人民幣	申購金額0.95%
中信人壽	飛揚中國投資型保單	南方富時中國A50、易方達中證100A股、嘉實MSCI中國A股、華夏滬深300指數	首期兩萬元人民幣，之後每期二千元人民幣	首年免收行政管理費

資料來源：各大壽險公司、銀行、工商時報、經濟日報，2013年2月

度來思考人民幣資產的意義，不需跟著媒體的腳步趕流行，畢竟無論是澳幣、紐幣、人民幣或美元，都是「錢」，也都只是資產組合的一環，因此我們應該專注於用資產組合創造財富膨脹，而不是只在乎是否擁有特定一種資產。

換句話說，人民幣資產的開放，搭配目前市場上已有的紐幣、澳幣、甚至南非幣定存與債券，反映的就是高息貨幣在低利環境下擁有的投資優勢，也呼應了環印度洋的東端（紐澳）、北端（中國）與西端（南非），在貨幣定存與債券投資都已經成為市場趨勢的事實。因此環印度洋的崛起，不只會改變全球政經板塊的分布，就連金融資產也出現了相對應的變化，直接影響到你我口袋裡的數字。這種趨勢現在只是剛開始而已，隨著全球經濟結構的再平衡，環印度洋的當地貨幣與當地債券，這些具備高息與高殖利率的商品，未來會漸漸取得與歐美債券雷同的地位，主宰你我的財富規畫。

但不可否認的是，澳幣和南非幣都屬於原物料概念貨幣，因此匯率的快速波動是投資人在考慮進行澳幣或南非幣定存時要留意的風險。

不過國人也不必灰心，隨著台灣主管機關開放人民幣的存款作業，未來人民幣、南非幣與澳幣這三種貨幣的定存，將會主宰台灣的高息貨幣市場。而且除了這三個國家的貨幣之外，印度和印尼這兩個國家對發行國際債券也躍躍欲試，特別是當一個國家的發債需求增加時，就意味著該國必須推動境外的貨幣清算機制，甚至還要推廣雙邊或多邊的換匯協議。在國際資金對印度和印尼公債需求逐步增加的環境下，未來這兩國的貨幣可望出現在台灣銀行的貨幣作業清單裡。

無獨有偶，無論是人民幣、南非幣、澳幣，甚至是未來的印度盧比與印尼盾等，這些貨幣的起伏背後要關注的還是環印度洋上的故事。如果再加上先前提到的股票和債券，這場新時代的財富與權力遊戲，已經從國家的高度，正式影響到一般人的財富生活，而你我的未來，都將由環印度洋上的財富權力爭奪所主宰！

結論
孔雀東南飛，用新思路踏上新絲路！

世界崩解了，不過，不是世人想像的那種天崩地裂。

財富與權力，自古以來就相互伴隨。二〇一二年十二月十日，美國國家情報會議發布了《二〇三〇年全球趨勢》這份報告。其實這份報告每隔四年就會發布一次，是美國情報機構經過多方判斷，再針對未來世界的基本圖像，提供給每一任美國總統，作爲他未來四年施政的戰略依據。在本書中，有不少數據就是引自同一份報告的二〇〇八年版本；然而，與過去不同的是，二〇一二年發布的這份報告，獲得台灣媒體熱烈的轉載，主因不是這份報告本身有多了不起，而是這份報告的內容，首次點出美國官方已經認定，世界即將告別美國霸權下的和平年代（Pan-America），轉向一個由多個強權所共同主宰的多極化世界（Multi-power system）。於是，這篇報告也終於宣稱，未來全球的財富將從西方朝東方轉移，而中國也將在二〇三〇年取代美國，正式成爲全球第一大經濟體。

對於中國經濟成為全球第一這件事，美國官方的預期，甚至比高盛集團在二〇〇三年預估的二〇四一年要更提早十年。

這代表什麼？

在回答這個問題之前，不妨先回想一下，過去我們是如何看待自己與外部世界的關連。

其實台灣人看世界，非常喜歡先看中國，再不然就是美國或日本；所以，這份《二〇三〇年全球趨勢》報告之所以會受到台灣媒體廣泛的報導，是因為受到外電媒體「中國經濟將在二〇三〇年成為世界第一」以及「中國GDP將在二〇三〇年超越美國」等標題所吸引。至於報告中的其他重點，包括歐洲和日本如何日落西山、俄羅斯會如何邁向衰落、個人權力如何擴大，以及南亞與非洲的人口機會如何牽動世界財富等議題，台灣媒體都沒留意。

當然，這並不是說中國經濟在二〇三〇年取代美國的這件事不重要，而是台灣媒體看世界的角度，已經習慣從美、中、日這三邊架構去看，因此分析的視角也多是從西方的角度出發，去看世界格局變遷後對既有利益集團的衝擊。在這樣的前提下，**我們很習慣把非西方勢力集團的主角——中國，當作主要的觀察對象，而其影響就是，我們既不能、也不太願意從開發中國家或是南方國家的立場**

出發，去思考世界上另一種價值觀、甚至接受不同價值並存的重要性。當然，我們更無法用開放的心態，去想像台灣這個島嶼在未來三十年會出現什麼變化。

這樣的分析視角，在二次大戰之後就一直深深影響著台灣的文化、社會、媒體與教育。表面上，我們擁有最自由的資訊環境，但平常所講的話與做的事，卻充滿自以爲是的傲慢與偏見，導致我們看世界的視野，不是顧此失彼，就是進退失據。例如總統會對北韓在二〇一二年十二月成功發射火箭一事予以譴責，但是對以色列二〇一二年十一月在加薩走廊對平民進行濫殺一事，我們的國家機器卻選擇漠然以對。甚至，日本國會大選的結果是由對中國強硬、並堅持釣魚台主權屬於日本的安倍晉三上台，我國政府的反應卻認爲這有助於台日關係，有助加速與日本的漁權談判（甚至還沒提到主權）。

向來被視爲中性的財經議題也是一樣。過去我們一向追隨西方的視角，認爲中國和其他新興國家刻意壓低匯率是「妨礙匯率自由化」，但對於日本新任首相安倍晉三威迫央行，用擴大量化寬鬆來降低日圓匯率、以求得日本出口利益時，過去曾經指責中國壓低人民幣匯率的台灣政府與媒體，卻沒一個出聲。當然，更別提球員兼裁判的美國和歐盟了，對於這兩個市場的量化寬鬆，除了央行總裁彭淮南之外，台灣的媒體與政黨，或是任何檯面上的政治人物，何時曾指責過他們以鄰爲壑的行爲？

對既存的霸道習以爲常，對弱者的遭遇又無法以同理心看待，向來是富裕世界人民看世界的方式。也難怪在西方人眼中，台灣永遠只能被刻畫爲友善、好客與勤奮的乖乖牌印象，而無法晉升爲一個具有雄心、企圖與進取的機會國度。即使在開發中國家人民的眼中，台灣稍微富裕，但無論從國家企圖、人民視野、甚或政經機制來看，台灣絕對不是他們在成長過程中學習的標竿。我們只在乎自身世界的安樂美好，對潮流趨勢與世界變動卻漠不關心，所以長期下來，民眾的視角愈來愈封閉，追求的滿足也愈來愈渺小，也難怪我們拍出來的電影，永遠只能用自己的語言，說著只有自己人才能理解的小故事，因此拿到國際場合上與其他國家的電影一比，高下立判。

從這個角度來看，國際觀怎麼會不重要？

唯有「仔細察覺」，才能「正確認識」。美國國家情報局發布的這份報告，重點雖有很多，但用白話文濃縮成一句，就是「世界牌局已經被打翻」。既然現在開始重新洗牌，每個大國當然會積極搶牌，而即使搶不到好牌，這些國家也會想盡辦法衡量時勢，讓自己在牌桌上「打出」一副好牌。

在本書截稿的當下，剛好是二〇一二年底，光在十一至十二月間，就有歐巴馬連任美國總統、習近平順利接掌中國政權、巴勒斯坦以觀察員身分進入聯合國、自民黨重新奪回日本政權、韓國選出女總統、美國宣告重返亞洲、印度和東協簽訂戰略夥伴關係，以及北韓火箭成功發射等重大事件發生。至於在財經議題上，日本和美國雙雙推出了量化寬鬆政策、希臘被調升信評、世界銀行上調全球經濟在二〇一三年的增長預期、美國的油頁岩氣增產讓油價持續走低、中國定調中央經濟工作會議，以及印度經濟因擴大改革而提早落底。

即使反映在投資人的口袋上，我們也發現，主宰二〇一二年資本市場沉浮的固定收益資產，突然間被股票所取代，且對照德國經濟數據在二〇一二年的一片慘澹，該國股市在同年的表現卻又一路扶搖直上。原本被認爲無法度過償債高峰的歐洲國家，突然間也都安然度過危機，而早先預期美國即將因財政懸崖步入長期不景氣，但油頁岩氣革命的發生，使美國製造業有了回春的機會。這一連串的改變，甚至讓「末日博士」盧比尼（Nouriel Roubini）一改他先前認爲二〇一三年全球會邁入「完美風暴」的論調，指出全球經濟會在二〇一三年出現復甦。

一切好像都變了，而且還愈變愈快。

搭配二〇一二年末一連串的事件，以及美國發布的這份全球趨勢報告，我們感覺這世界的秩序即將崩解，但又不代表未來所發生的一切會與我們過去所習慣的一切顛倒。雖然到了二〇三〇年，全球的財富與權力會往東方與南方移動，但並不代表西方就是一片斷垣殘壁，東方就是一片歌舞昇平；因爲當東方文明可以與西方文明在平等的基礎上相互激盪，「全球化」一詞才算具備了眞實的意涵。

這不禁讓我想到中國歷史上的一個大分流時代——魏晉南北朝。在那個年代，從漢代以來主宰各代興衰的北方中原各大家族，在群雄並起的年代下逐漸沒落，而這些家族勢力背後所代表的禮教、文明、規範與典章制度，也在長年動盪與遷徙的環境下，被迫因應時代變局而作出新的調整。結果，表面上開啓了中國政治與經濟重心南移的訊號，而事實上，它讓南方中國開始出現當地的名門望族，自此擺脫了傳統「蠻夷」的標籤，得以和北方的中原家族以平等之姿，共同參與中國政治與經濟遊戲規則的制訂，其作用就是造就了中國南北經濟更大的融合，並促成了日後唐、宋盛世的降臨。

有沒有發現，中國歷史上的這段過程，與眼前的世界有著極爲驚人的類似之處？

當全球既有的遊戲規則面臨重組，財富與權力的天秤開始朝東亞、南亞與非洲等南方世界流動，「孔雀東南飛」一詞，已從中國古典的文學巨作，正式變成世界的眞實圖像。屬於開發中國家的東方與南方相繼崛起，象徵的不只是財富與權力的槓桿位移，更反映全球未來會在東、西方的相互激盪下，型塑出一種截然不同的新風貌。而這樣的變化，在人類歷史中還未曾有過，但從現在開始，我們卻即將面對，因爲這也代表路可以走得更寬了。

以環印度洋的範圍來說，在這片海洋周邊所覆蓋的所有國家，幾乎就是歐亞大陸中部以南的所有陸地，如果再加上南方世界的非洲和中南美洲，我們會赫然發現，這世界遠比我們本來認知的「西方世界」更爲寬闊。這裡的經濟發展，可能會影響我們未來帳戶裡的數字，這裡的政治變化，可能會影響未來國家利益的走向，這裡的文化激盪，甚至可能會影響我們未來的生活方式與思想行爲——環印度洋世界的崛起，會徹底顛覆我們過去所習慣的一切，帶領我們邁向另一種可能。

在一個牌局重整的時代，只要能夠有清楚的認識，所有事情都會衍生出無限的機會，但環顧世局的一切變化，台灣似乎還在原地打轉。從二〇一二年以來，這個島嶼對未來似乎失去了往日的樂觀：當努力升學不再意味穩定收入、努力工作也不再意味安然退休、即使退休也不一定意味可以安享天年的時代，我們亟欲尋找出口與希望的焦慮，比以往任何時候都更加急切。我們透過各式各樣的管道，亟欲求取各種新知與能量，也不斷尋找自我改善的機會與方法，但無論怎麼說、怎麼做，整個社會都好像是撞牆一般，怎麼也轉不出鬱悶、落寞、無奈與氣憤的怪圈。於是，媒體變得更加喧囂、政客變得更加浮躁、民眾也變得更加喜新厭舊；在這樣的負面循環中，民眾的心情愈來愈焦慮。

其實，有這種焦慮也未必是壞事，因爲焦慮往往是改變的催化劑，倘若這種焦慮還是全球共通的主題，那麼在共同的信念加持之下，應該欣然迎接世界即將出現的改變。眼前正在環印度洋上發生的事，在未來都有可能寫進歷史教科書，因爲這是人類史上第一次，東方國家可以與西方國家一起以平等之姿，在經濟事務、權力分配、文化價值與意識型態上進入多元並存的年代。以歷史眼光來看，這樣的年代往往可以激發出爆炸性的能量，帶領人類社會邁入另一個美好階段，所以我們應該要慶幸自己能夠活在這樣的年代，看盡天下世事的轉換，並且深刻參與其中。

我想要與各位分享的是，面對世局的演變，我們應該欣然接受，無須焦慮。台灣雖然小，但只要抓對趨勢，就可以用最小的代價，採取「搭順風車」的方式，跟上這一波印度洋財富崛起的時代，而不必像大國一樣精準地去計算每一輪的牌局，甚至還要考慮在什麼時機下該出哪一張牌。所以這一切的重點，就在政府有沒有看到這樣的變化，並將之視爲台灣下一波產業與人才起飛的機會。若政府和人民還是像歐洲或日本那樣，對過去的榮耀抱殘守缺，甚至不屑與開發中國家以平等姿態共同競爭，用不了多久，民眾自然會用他們的雙腳和金錢，替這塊島嶼的命運做最後的註解。

本書的假設就是「財富會創造權力，權力也會鞏固財富」，在國際上，無論是大國綁架小國，還是小國教唆大國，都是在錢與權的脈絡下，藉由各種合法與非法的路徑彼此交叉掩護。所以我們眞正要看清的，就是這種看似錯綜的脈絡，背後其實都是出自最原始的動機，而且也因爲出自原始的動機，這些看似複雜的行爲，必然會引導出最簡單的結果。因此只要釐清權力與金錢的本質，就不易被事情的表象（包括數字）所迷惑。順著這樣的脈絡，就可以明白爲什麼「錢」與「權」會有如此緊密的依附關係。

現在台灣政府必須警惕在心的，就是在「中國與東協自由貿易區」之後，印度和東協也展開了自由貿易區的談判進程，甚至連中國、日本和韓國這三個有複雜歷史糾結的國家，也展開了自由貿易區的談判。整個亞洲都在邁向一個經濟大整合的時代，但是台灣在這方面卻被忽略了。**連亞洲的經濟整合我們都尚未參與，更別提與我們一起競爭的亞洲國家，是如何在東協、非洲、南亞、甚至中南美洲耕耘出成績。**

別再迷信台灣企業可以赤手空拳、靈活應變世局那套刻板印象，因爲在過去那個年代，中國、印度、東南亞、甚至非洲都還是「落後」的代名詞，對國際市場與遊戲規則的制訂毫無發言權，而且台灣當時是仰賴美國的支持與遊戲規則，才得以在經濟上博得亞洲四小龍的地位。但是從現在起，一切都會不一樣。那些當初被台灣視爲「落後」的國家，已經有了自己的遊戲規則，而對於這套遊戲規則，我們還完全陌生。況且，歐美國家未來對台灣的支持，也不會再如過去那樣強烈，因此單從這種格局來看，台灣政府若再不尋求突破，以後的處境還會相當、相當危險。

若要突破，我們必須改變思維。改變凡事都從美國、中國的角度去看的思維，也改變西方價值至上的思維。要能以同理心看待開發中國家的遭遇，也要以開放心胸去接納不同價值並存的可能。不只是兩岸關係，台灣與東南亞國家、印度、甚至非洲與拉美等國家的經貿交流，也必須比過去更積極、更深化、甚至更謙卑。隨著台灣人口邁入老化，歐美市場也不再是靠山，若再不懂得利用環印度洋這塊全球最年輕的人口紅利、最寬闊的土地資源，以及最有利的政經環境（大國爭鋒、小國受惠），就失去了搭「順風車」的機會，當然也就等於失去了與時代共處的機會。

如果你執著於過去的價值與習慣，那麼我相信，你的未來只會走得更不舒服；然而，如果你當下改弦易轍，拋開過往的一切去追求另一種可能，反而也會把自己撞得渾身是傷。所以你認為，這樣的未來，到底是會把我們變得更好，還是變得更壞？

我們必須相信，未來一定會更好。只要相信，就會有勇氣去接納所有的改變，並創造面對未來的自信。此時此刻，我們應該保持冷靜，除了看看新世界（開發中國家）會有的變化，更要了解舊世界（已開發國家）有什麼因應對策，如此一來，可以找到新的平衡，也應該順勢而為，找出最適合自己的應對方式，並且從中獲利。

國際觀對於人生來說，實在太重要了！

從現在起，讓我們用「新思路」，去踏上環印度洋這條「新絲路」！

國家圖書館出版品預行編目資料

環印度洋大商機：跟著強權投資新市場 / 林志昊著.
-- 初版. -- 臺北市：先覺, 2013.04
320面；14.8×20.8公分 --（財經系列；44）

ISBN 978-986-134-210-8((平裝)
1.國際政治經濟學

552.1　　102001918

The Eurasian Publishing Group 圓神出版事業機構 用心與你對話・視野無限寬廣　先覺出版社 Prophet Press

http://www.booklife.com.tw　inquiries@mail.eurasian.com.tw

財經系列 044

環印度洋大商機——跟著強權投資新市場

作　　者／林志昊
發 行 人／簡志忠
出 版 者／先覺出版股份有限公司
地　　址／台北市南京東路四段50號6樓之1
電　　話／（02）2579-6600・2579-8800・2570-3939
傳　　真／（02）2579-0338・2577-3220・2570-3636
郵撥帳號／19268298　先覺出版股份有限公司
總 編 輯／陳秋月
資深主編／李美綾
責任編輯／李美綾
美術編輯／劉嘉慧
內頁插圖／葉　子・劉嘉慧
行銷企畫／吳幸芳・簡　琳
印務統籌／林永潔
監　　印／高榮祥
校　　對／李美綾・林志昊
排　　版／莊寶鈴
經 銷 商／叩應股份有限公司
法律顧問／圓神出版事業機構法律顧問　蕭雄淋律師
印　　刷／祥峯印刷廠
2013年4月　初版

本書第030, 092, 136, 174, 226, 258頁攝影圖片由路透社／達志影像提供

定價 320 元　ISBN 978-986-134- 210-8